初中生物
实验设计与思考

朱琦 ◎主编

2017年广东省中学生物教学研究"十三五"规划课题研究
"初中生物实验教学的改进实践研究"
（YZSH-2017-C-b003）的研究成果

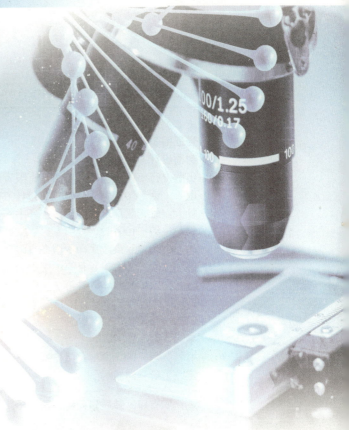

民主与建设出版社
·北京·

图书在版编目（CIP）数据

初中生物实验设计与思考 / 朱琦主编. — 北京：
民主与建设出版社，2020.8
ISBN 978-7-5139-3125-0

Ⅰ.①初… Ⅱ.①朱… Ⅲ.①生物课—教学设计—研
究—初中 Ⅳ.①G633.912

中国版本图书馆 CIP 数据核字（2020）第131532号

初中生物实验设计与思考
CHUZHONG SHENGWU SHIYAN SHEJI YU SIKAO

主　　编	朱　琦
责任编辑	刘　芳
封面设计	姜　龙
出版发行	民主与建设出版社有限责任公司
电　　话	（010）59417747　59419778
社　　址	北京市海淀区西三环中路 10 号望海楼 E 座 7 层
邮　　编	100142
印　　刷	北京政采印刷服务有限公司
版　　次	2022年 6 月第 1 版
印　　次	2023年 3 月第 2 次印刷
开　　本	889 毫米 × 1092 毫米　　1/16
印　　张	10.75
字　　数	280千字
书　　号	ISBN 978-7-5139-3125-0
定　　价	58.00 元

注：如有印、装质量问题，请与出版社联系。

编 委 会

序 言
PREFACE

和美创新，浸润无声

　　教育部在2011年正式颁布的《义务教育生物学课程标准（2011年版）》中明确提出了要使学生初步具有生物学实验操作的基本技能、一定的科学探究和实践能力，养成科学思维的习惯，形成积极的科学态度，发展终身学习及创新实践能力。生物学课程标准倡导以培养学生生物学科核心素养为宗旨，从生命观念、科学思维、科学探究和社会责任等方面发展学生的学科核心素养，强调学生主动参与学习探究的过程。随着新课程改革的不断深化，关注发展核心素养、推动落实立德树人已成为生物学教学的首要任务。比较分析我国现有的各版本初中生物学教材，发现新课程标准越来越侧重于实验教学，同时，倡导探究性学习，关注发展生物学科核心素养已然成为新课程改革的重头戏。因此，生物教师充分重视实验教学的开展，带领学生有效开展实验活动，无疑是培养学生生物学科核心素养的重要途径，也是打造活力、高效、趣味、创新生物课堂的关键平台。

　　然而，在实际教学中，生物实验教学并未跟紧新课程改革的步伐，往往因实验材料的选择、实验方法的实施、实验装置的设计、实验呈现的方式等各种制约因素的存在影响生物实验教学的实施。例如，①不同地域实验材料存在差异性，实验材料难以获取；②实验成本过高；③受课时的限制，开展实验教学的时间有限；④学生实验动手实践能力弱；⑤实验方法步骤不够优化；等等。导致实验教学难以开展，实验教学效果不佳，实验教学有效性较差，难以实现实验教学的可行性、高效性和指导性。生物实验教学的开展步履维艰，一直困扰着广大一线教育工作者。

　　《初中生物实验设计与思考》一书是2017年广东省中学生物教学研究"十三五"规划课题研究"初中生物实验教学的改进实践研究"（YZSH-2017-C-b003）的研究成果，该课题在珠海市香洲区中学生物名师工作室主持人朱琦校长的带领下，取得了良好的实践效果，并深受珠海市及周边地市一线初中生物教师的高度赞赏。本书以课题实践研究为平台，立足实验改进教学创新策略，关注生物学科核心素养，通过找出致使北师大版初中生物教材中实验难以开展的症结，结合珠海本地生物实验资源，从探索优化实验材料选择、创新实验方法实施、改进实验装置设计、丰富实验呈现方式这四个方面进行一定程度上的创新与改进实践研究，收集并整理出27个原创实验改进案例，同时，将每个案例都以实验微课的录制形式有针对性地提供实验改进与创新的具体实践方法，以期为从事初中生物教学的广大一线教育工作者在实现初中生物实验的可行性、高效性和指导性等方面提供一些启示以及可参考借鉴的方法和建议。

　　对于本书的出版，我们要感谢珠海市教育研究中心生物教研员王树仁老师、香洲教师发展中心生物教研员孙玉硕老师对本书的付出与指导。感谢工作室课题组成员贝丽妍、邱建萍、梁志伟、罗春愈、杨敏旭、易秦、孙玉硕、呼小明、王红、张晓华、杨洋、赖翠敏、丁沛斌、张筱蔼、索影、邓莉、李青、邹小梅、鹿鸣、彭晓瑜、邓力强老师提供的案例，感谢课题组成员学校校长对我们工作的支持，感谢民主与建设出版社及名师名校名校长书系编辑部对本书的编辑、排版、校对。

　　由于时间与能力所限，我们仍有许多实验案例还没来得及开发和研究，资料编写中难免存在许多不完善的地方，我们将继续努力探索，与广大教育工作者一起学习研究，共同分享实验改进给我们带来的快乐与收获，恳请读者批评指正。

名师工作室主持人：李尚

2019年12月1日

目录
CONTENTS

上 篇 实验改进案例

下 篇 成员活动心得

实验改进案例

水温变化对小鱼呼吸的影响

珠海市紫荆中学　邹小梅

一、实验在教材中所处的地位与作用

本实验是学生在初中阶段学习生物学课程所接触到的第一个完整的探究实验，具有举足轻重的作用。本实验对学生探究实验能力和创新能力的培养，具有非常重要的意义。因此，本实验的成功会直接影响学生学习生物学的兴趣。

二、教材中的实验原型

北师大版初中生物教材中"探究非生物因素对生物的影响"的实验原型是光照对鼠妇生活的影响。非生物因素是光照，实验对象是鼠妇，实验方法是设计明暗不同但是相通的两种环境，各放入等量的鼠妇若干只，过一段时间后观察两边的个体数量有何变化，并统计所记录的结果。

三、实验改进类别

（1）实验材料的改进。
（2）实验方法的改进。

四、材料器具

小鱼（吻鲈鱼若干）、烧杯（1个1000mL，2个500mL）、水槽、热水、冰水、渔网、温度计、秒表。

五、方法步骤

（1）用温度计测量常温下水的温度，将两条小鱼分别置于两个烧杯中（图1），观察并记录小鱼在常温下呼吸的次数（图2）。小鱼每分钟的呼吸次数是小鱼鳃盖或口开闭的次数。

图1　将小鱼置于烧杯中

图2　观察小鱼的呼吸次数

（2）改变水温，升高或降低5~10℃（图3）。将小鱼放入水中，待小鱼安静后，再观察并记录每分钟鳃盖或口开闭的次数。注意改变水温前，需将小鱼放入常温缓冲2分钟再继续实验。观察并记录小鱼的呼吸次数（图4）。

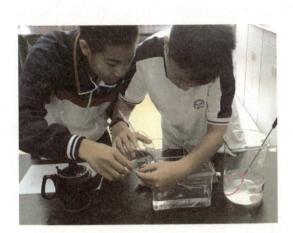

图3　改变水温（倒入冰水或热水）

图4　观察并记录小鱼的呼吸次数

（3）分析实验数据（表1），并得出结论。

表1 不同温度下小鱼每分钟鳃盖运动次数

水温（℃）	每分钟鳃盖运动次数（次）						平均值
	第一次		第二次		第三次		
	1号鱼	2号鱼	1号鱼	2号鱼	1号鱼	2号鱼	
31（常温+10）	32	45	34	47	53	58	45
26（常温+5）	30	40	30	42	28	40	35
21（常温）	28	34	26	31	25	30	29
16（常温-5）	19	21	17	22	16	20	19
11（常温-10）	小鱼接受刺激，呼吸急促，呈侧翻即死状态，故停止实验，未收集到实验数据						

本实验中的小鱼是吻鲈鱼。吻鲈鱼是一种热带鱼，一般生活在20～28℃的水中。实验数据如表1。当水温达到31℃时，小鱼每分钟运动次数可达45次。随着温度的降低，小鱼的呼吸次数逐渐减少。当水温降到11℃时，小鱼变得呼吸急促，呈侧翻即死状态。水温逐渐降低，小鱼的呼吸次数减少，呼吸频率减慢，这是因为鱼是变温动物，小鱼的新陈代谢受温度的影响。当水温降低时，小鱼的新陈代谢会减慢，小鱼的需氧量会降低，故每分钟鳃盖运动次数变少了。

（4）重复实验，记录实验数据。

（5）得出实验结论：水温变化对小鱼呼吸有影响。

六、改进亮点

（1）实验材料分布广泛，易获得。

（2）实验对象较为常见，增加了学生的兴趣。

（3）呼吸频率易观察，实验现象较明显。

📖 参考文献

［1］朱正威，赵占良.生物学：七年级上册［M］.北京：人民教育出版社，2012.

［2］王婵英.非生物因素对某种生物的影响［J］.中学生物学，2013：29（8）.

［3］黄丽敏."探究非生物因素对某种动物的影响"的教学策略［J］.生物学教学，2015：40（12）.

［4］张秀红，朱丹.关于"探究非生物因素对某种动物的影响"实验教学的研究［J］.生物学通报，2016：51（12）.

［5］张启胜.探究"探究非生物因素对某种动物的影响"的改进［J］.中学生物教学，2017（10）.

［6］刘恩山，肖尧望，郑春和.生物学：七年级上册［M］.北京：北京师范大学出版社，2013.

观察草履虫对食盐刺激的反应

珠海市湾仔中学　鹿鸣

一、实验在教材中所处的地位与作用

多细胞生物由多个细胞构成，但是多细胞生物的每个细胞跟单细胞生物一样都可以独立完成生命活动。细胞是生物体生命活动的单位。虽然植物体和动物体细胞的结构有差异，但它们的细胞活动相当，包括细胞与外界进行物质交换、细胞的生命活动需要能量、细胞核是生命活动的控制中心。

本节是以单细胞动物变形虫为例，通过实验和讲解介绍动物细胞的运动、取食、物质交换、能量供应等生命活动以及完成这些活动的细胞结构基础。本课在使用显微镜的基础上，通过观察细胞研究生命活动。学生对细胞的基本结构有了一定的了解，但通过观察实验，了解细胞各部分的基本功能还是存在一定困难的。这种困难来自显微镜的观察结果和实际细胞的生命活动之间建立相应的联系，也就是通过放大的观察还原到细胞本身的生命活动。另外，实验材料变形虫很难获得，因此本实验用相对易得的草履虫进行替代。草履虫容易培养，实验材料能够实现循环利用。

二、教材中的实验原型

本实验的原型是北师大版七年级生物上册第3章第2节《细胞是生命活动的单位》中的活动"观察变形虫"，但实验材料变形虫非常难获得，因此在实际教学中难以开展该实验。

三、实验改进类别

实验材料改进。

四、材料器具

（1）实验器具：载玻片、盖玻片、胶头滴管、解剖针、镊子、显微镜、食盐粒。

（2）实验材料：含有草履虫的池塘水、活性干酵母。

五、方法步骤

（一）培养草履虫

1. 捕捞草履虫

草履虫生活在水流缓慢、有机质丰富的淡水中，如城市公园的荷花池中，在气温比较高的白天吸取池塘表层水，在显微镜下确认采集到草履虫后，即可开始进行培养。

2. 培养草履虫

草履虫靠取食水中的微生物存活，在培养草履虫的时候可以往培养液里添加活性干酵母作为草履虫的食物（图1）。

图1　草履虫培养液

（二）观察草履虫对食盐刺激的反应

（1）在载玻片中央滴两滴培养液，观察草履虫的运动（图2）。

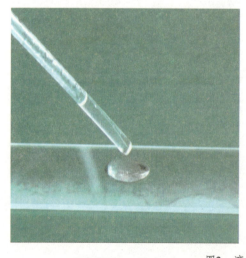
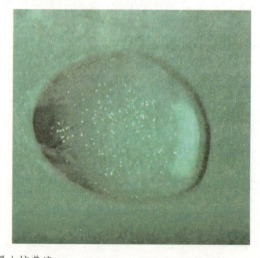

图2　滴加草履虫培养液

（2）用解剖针在培养液一侧添加少许食盐粒，观察培养液中草履虫的运动（图3）。

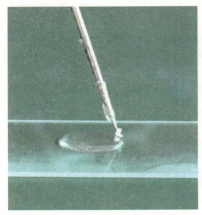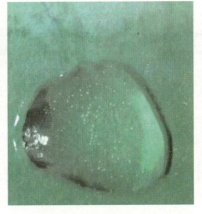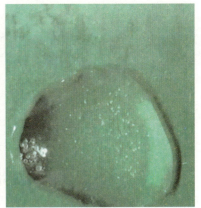

图3　在草履虫培养液中添加食盐粒

（3）盖上盖玻片，将草履虫放在显微镜下进行观察（图4）。

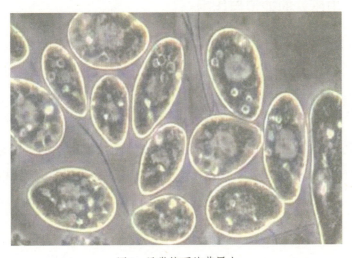

图4　显微镜下的草履虫

六、改进亮点

变形虫是一种非常难找到的单细胞生物，一般情况下教师因为找不到变形虫而放弃开展该观察活动，改用flash动画演示，这不利于学生理解细胞的结构。

改进后的实验用常见的草履虫代替变形虫，并用食盐刺激草履虫，通过观察草履虫的运动，认识细胞的活动。且草履虫对外界刺激做出反应，避开有害刺激的反应非常明显，学生容易用显微镜观察。

研究细胞大小与物质扩散的关系

珠海市第十一中学　丁沛斌　张筱蔼　易秦

一、实验在教材中所处的地位与作用

本实验是《细胞通过分裂进行增殖》一节的重难点，通过本实验可直观帮助学生理解细胞为什么要进行分裂。

二、教材中的实验原型

本实验针对的是初一年级的学生，他们缺乏化学基础，而教材中的实验是用酚酞琼脂块模拟细胞、氢氧化钠溶液模拟细胞外界的物质。要向学生介绍这几种物质，及实验中溶液颜色的变化，需要花费额外的时间，使实验难度加大。另外，让初一年级的学生接触具有腐蚀性的氢氧化钠溶液，增加了实验的危险性。

三、实验改进类别

实验材料改进。

四、材料器具

卡纸、裁剪工具、镊子、烧杯、培养皿、胶头滴管、三脚架、石棉网、酒精灯、打火机、刀具、砧板、纸巾、红墨水、新鲜萝卜。

五、方法步骤

（1）用直尺、铅笔在卡纸上分别画出边长分别为1cm、2cm、3cm的正方形，然后用剪刀分别将其剪下（图1）。

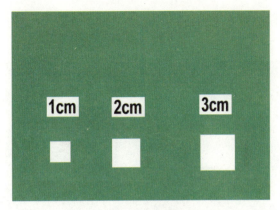

图1　不同边长的正方形纸片

（2）用以上三块正方形纸片为模板，快速切出边长分别为1cm、2cm、3cm的立方体萝卜块（图2、图3）。

图2　切取模型

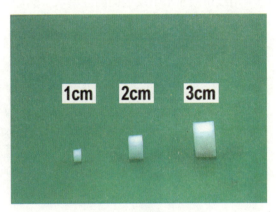

图3　不同边长的萝卜块

（3）将萝卜块放入沸水中煮熟，然后捞起备用（图4、图5）。

图4　将萝卜块在沸水中煮熟

图5　已煮熟的萝卜块

（4）用稀释过的红墨水浸泡萝卜块20分钟后捞起（图6）。

图6　用红墨水浸泡萝卜块

（5）用纸巾吸干萝卜块表面的红墨水，然后将其从中间切开，展示其切面（图7）。

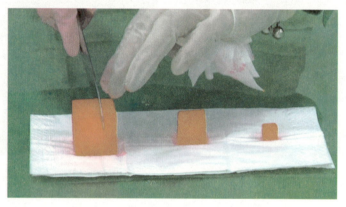

图7　纵切萝卜块

（6）用直尺测量各萝卜块切面上红墨水的渗入深度（图8）。

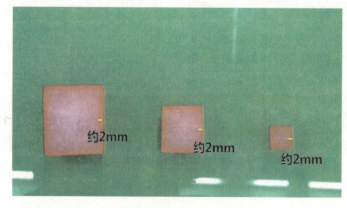

图8　红墨水渗入各萝卜块的深度

（7）将测量所得数据记录于表1中。

表1　不同大小萝卜块中红墨水扩散情况记录表

萝卜块边长（cm）	萝卜块体积（cm³）	着色深度（cm）	未着色厚度（cm）
1	1	0.2	0.6
2	8	0.2	1.6
3	27	0.2	2.6

（8）实验结论。无论萝卜块体积大与小，红墨水渗入深度均约为2mm，由此可见，红墨水在大小不同的萝卜块中扩散速度是相同的。将大小不同的萝卜看成是大小不同的细胞，红墨水看成是细胞需要吸收的营养物质，小细胞更容易与外界进行物质交换。

六、改进亮点

在本实验中，用萝卜块模拟细胞、红墨水模拟细胞外界的物质，这些都是学生所熟悉的物品，无须多加解释，这种方式不但降低了实验的难度，便于学生掌握，也降低了学生实验的危险程度。

探究细胞体积与物质扩散的关系

珠海市夏湾中学　李青　杨洋

一、实验在教材中所处的地位与作用

探究细胞体积大小与物质扩散的关系是北师大版七年级上册第3章第3节的实验。本实验能使学生认识细胞体积的大小和物质扩散的关系以及认识细胞保持体积小的意义，为后面的学习增进实际操作上的理解。本活动将科学知识同实际操作相结合，使学生的具象思维能力和抽象思维能力得到培养和提高。

二、教材中的实验原型

笔者发现，探究细胞体积大小与物质扩散的关系活动存在不足之处。

1. 实验材料

（1）本实验利用氢氧化钠溶液遇酚酞试剂呈粉红色的原理，模拟细胞吸收物质。初一年级的学生没有接触到化学知识，不清楚氢氧化钠和酚酞为何物，教师在实验前要费大量口舌做解释。同时氢氧化钠溶液具有一定的腐蚀性，实验过程存在安全隐患。

（2）该实验用琼脂块模拟细胞。据了解，现有的学校基本上没有买现成的琼脂块，即使有，也没有含酚酞的琼脂块。酚酞琼脂块制备起来较麻烦，而且也浪费时间，给实验带来不便。

2. 实验方法

教材上是通过比较边长分别为1cm、2cm、3cm的琼脂块立方体在加入氢氧化钠溶液后，测量氢氧化钠扩散后着色的深度，从而分析细胞大小与物质扩散的关系。对于初一年级学生来说，依然较难理解相对表面积的概念，增加了学生对该实验理解的难度。

三、实验改进类别

（1）实验材料改进。

（2）实验方法改进。

四、材料器具

马铃薯一个、碘液、小刀、直尺、两个200mL的空烧杯、塑料勺、纸巾。

五、方法步骤

（一）活动一：研究细胞大小与物质扩散的关系

1. 准备土豆块

在马铃薯上切取2块边长为4cm的立方体。将其中一块马铃薯切成边长为2cm的立方体，共有8块。另一块马铃薯作为对照。将切好的马铃薯块放锅中煮熟（图1、图2）。

图1 煮熟前的马铃薯块　　　　　　　　图2 煮熟后的马铃薯块

2. 加入碘液浸没马铃薯块

将切好的2份马铃薯块分别放入200mL的空烧杯中，然后加入碘液浸没，用塑料勺轻轻搅拌，静置10分钟（图3）。

图3 碘液浸没马铃薯块

3. 测量比较每块马铃薯上碘液的扩散深度

10分钟后，用塑料勺取出马铃薯块，用纸巾吸取马铃薯块表面的碘液，放在培养皿内。再分别取出边长不同的马铃薯块，用小刀对半切开（图4、图5）。

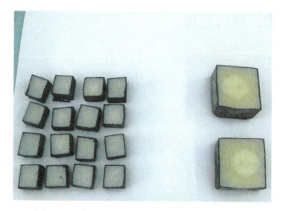

图4 吸取表面碘液后的马铃薯块   图5 对半切开后的马铃薯块

观察并用直尺测量每块马铃薯上碘液的扩散深度（图6）。并记录测量结果，见表1所列。

图6 测量碘液的扩散深度

4. 分析测量结果并得出结论

表1 大小不同的马铃薯块中碘液的扩散情况记录并计算测量结果

马铃薯块	边长（cm）	体积（cm³）	着色深度（cm）	未着色体的边长（cm）
大	4	64	0.1	3.8
小	2	8	0.1	1.8
马铃薯块	未着色体的体积（cm³）	着色体积（cm³）	数量（块）	着色总体积（cm³）
大	54.872	9.128	1	9.128
小	5.832	2.168	8	17.344

分析表1我们可以得知，体积较大的马铃薯被着色的总体积（较小）；体积较小的马铃薯被着色的总体积（较大）。

实验结论：当总体积相等时，细胞体积越小，数量增多，越有利于细胞与外界进行物质交换。

（二）活动二：研究细胞体积与表面积的关系

启发学生借用物理模型的方法，得出体积与表面积的关系。

分别计算边长为4cm和2cm的立方体表面积及总表面积，见表2所列。

表2　计算不同大小马铃薯块表面积及总表面积

马铃薯块	边长（cm）	表面积（cm²）	数量（块）	总表面积（cm²）
大	4	96	1	96
小	2	24	8	192

通过计算，得出结论：当总体积相等时，细胞体积越小，数量增多，细胞膜总表面积就越大。所以细胞需要保持较小体积，相对表面积就越大，更易于保证细胞与外界进行物质交换，才能保证细胞的正常生命活动。

六、改进亮点

1. 材料

改进后的材料马铃薯和碘液方便易得，学生较为熟悉，制作起来很方便，耗时不长。淀粉遇碘液呈蓝色的现象也为学生学习后面的内容打下基础。

2. 方法

教材上的实验学生容易观察到现象，只是较难理解总体积相等时，细胞体积越小，相对表面积就越大的事实。改进后通过比较同等体积大小的马铃薯块，计算马铃薯着色面积多少，从而分析得出总体积相等时，细胞体积越小，相对表面积越大的结论。

3. 效果

通过以实物模型为载体，将微观知识直观化、形象化，学生体验到收获知识和提高能力的乐趣，这是模型教学最大的优点。本实验内容的设计涵盖了模拟探究实验和物理建模活动，有一定的特色，课堂灵动而有趣味，学生踊跃参与活动，有效驱动教学目标的顺利完成。因此在日常的教学中，潜移默化培养学生的创新意识，能收到意想不到的效果。

📖 参考文献

[1] 宋小兰.对"研究细胞大小与物质扩散的关系"实验改进[J].生物学教学，2005：30（5）.

[2] 中华人民共和国教育部.义务教育生物学课程标准（2011年版）[M].北京：北京师范大学出版社，2012.

[3] 何嘉媛，刘恩山.论证探究式教学模型及其在理科教学中的应用[J].生物学通报，2012：47（10）.

[4] 潘建勋."细胞大小与物质运输的关系"实验的改进研究[J].生物学通报，2009：44（7）.

[5] 卢瑞芳，唐万红，任丹凤."细胞大小与物质运输的关系"模拟实验的改进[J].中学生物教学，2017（10）.

[6] 杨香青.通过实验研究细胞大小与物质运输的关系[J].新课程学习（中），2012（9）.

[7] 江晓琳.利用实验材料改进实验——"模拟探究细胞表面积与细胞体积的关系"实验的改进[J].实验教学与仪器，2015：32（3）.

[8] 何良英，聂登福.对细胞大小与物质运输的关系模拟实验的研究[J].生物学教学，2013：38（12）.

观察叶片的结构

珠海市第八中学　王红　贝丽妍

一、实验在教材中所处的地位与作用

（1）通过观察叶片的结构，了解叶片与光合作用相适应的结构特点。

（2）通过制作临时装片，加强学生动手能力的培养。

二、教材中实验原型

实验中原型存在的不足：

（1）实验材料比较软，不容易制作叶片的横切面切片。

（2）叶片的下表皮不易撕下制成临时装片。

（3）学生对植物的气孔没有宏观的了解。

三、实验改进类别

（1）实验材料改进。

（2）实验器具改进。

（3）实验方法和步骤改进。

四、材料器具

华灰莉木、合果芋、龙舌兰、朱顶兰、注射器、水槽、指甲油。

五、方法步骤

（一）观察叶片的横切面

选用华灰莉木的叶片，革质，容易切割成型，而且栅栏组织和海绵组织分层明显且清晰（表1）。

表1　观察叶片横切材料改进效果对比

教材中的不足	改进	改进后的效果
用菠菜叶作为实验材料，栅栏组织、海绵组织不易分辨	用华灰莉木作为实验材料	取材方便，栅栏组织、海绵组织清晰可辨

（二）植物气孔的观察实验改进

1. 宏观上了解气孔的存在

教材中观察叶片的下表皮，在低倍镜下找到保卫细胞。学生可以找到保卫细胞，但对气孔没有什么感性认识。改进：在观察叶片的下表皮前，先证明气孔的存在。通过注射器和橡胶管连接刚摘下的叶片的叶柄（合果芋的效果比较好），然后把叶片浸入水中，通过注射气体观察现象，可以看出气泡从叶片的表面冒出来，逐渐由小变大，效果非常明显。另外还可以比较叶片正面和背面哪一面气泡数目较多（图1）。这样的处理把微观的气孔更直观地呈现出来，极大地增强了学生的学习积极性，为学生进一步做观察叶片的下表皮的实验打下基础。

图1　用注射器给浸入水中的叶片注射气体

2. 显微镜下观察气孔（材料改进）

教材中建议用蚕豆叶作为实验材料。但是在我们身边很难找到，笔者也试过青菜叶，但由于叶片较薄，很难取到下表皮。通过反复实验和对相关资料的查询，有两种材料比较适合。龙舌兰，是我国南方布置庭院的重要材料，其叶片为肉质。笔者通过实验发现，龙舌兰的下表皮很容易用镊子直接撕取，几乎不带叶肉细胞，气孔数目多，便于观察，节省材料。朱顶兰，在我国遍布大部分省份，是园艺中常见的花卉，其叶脉平行，将其叶从垂直于叶脉的方向撕开，断开处会有部分下表皮露出，用镊子取下观察，表皮细胞排列整齐，气孔数目多，利于观察。这两个材料的特点是取材方便（表2）。

表2　观察气孔材料改进效果对比

教材中的不足	改进	改进后的效果
蚕豆叶很难找到，菠菜叶取到的下表皮很少，容易造成浪费多	 龙舌兰	 龙舌兰气孔
	 朱顶兰	 朱顶兰气孔

（三）显微镜下观察气孔（实验方法改进）

可以用指甲油在叶片下表皮涂抹1cm×1cm的小方块，指甲油会印记叶片的表面，等干透后撕下，在载玻片上加1滴水，将指甲油印片放入，盖上盖玻片，在高倍镜下观察气孔的形态。

六、改进亮点

（1）改用华灰莉木作为观察叶片横切面的实验材料，因叶片比较硬，容易制作叶片横切面的切片，且栅栏组织和海绵组织分层清晰，容易观察。

（2）改用朱顶兰叶片的下表皮作为观察气孔的实验材料，具有易撕取和方便制作临时装片的特点。

（3）增加用注射器往叶柄打气的实验，可以让学生对植物的气孔有宏观的了解。

（4）采用指甲油印片观察气孔的方法，可以避免叶绿素对观察的干扰，操作简单。

验证光合作用释放氧气

珠海市夏湾中学　杨洋　李青

一、实验在教材中所处的地位与作用

　　验证光合作用释放氧气是北师大版初中生物第5章第1节的重要演示实验。目的是让学生直观地认识到绿色植物通过光合作用能够释放氧气。在进入初中学习之前，多数学生对光合作用需要阳光并能产生氧气是知晓的。光合作用的经典实验向学生呈现了肉眼看不到的光合作用的秘密，丰富了学生对光合作用的感性认识，通过教师引导学生对实验现象的分析、推理过程，将光合作用的概念分解出条件、原料、产物和场所，便于学生对直观的一个个事实进行综合归纳，从而建构光合作用的概念。

二、教材中的实验原型

　　教材中实验原型如图1所示。

图1　教材中验证光合作用释放氧气的实验原型

三、实验改进类别

　　（1）实验方法改进。

　　（2）实验器具改进。

四、材料器具

金鱼藻、碳酸氢钠、清水、矿泉水瓶、卫生香、天平。

五、方法步骤

（1）将金鱼藻剪成8cm左右的小段备用，剪成小段是为了释放更多氧气，因为氧气大多积累在细胞间隙中，切断茎后氧气会以连续气泡的形式释放出来，更容易看到现象和更快地收集到氧气（图2）。

图2　剪成8cm左右小段的金鱼藻

（2）为加快收集的速度，在水中以1∶1000的比例加入碳酸氢钠，碳酸氢钠可以水解生成二氧化碳，增加二氧化碳的浓度，提高光合作用的效率。

（3）准备一个约550mL的透明矿泉水瓶，将配制好的碳酸氢钠溶液和10小段金鱼藻放入瓶中，在瓶口处留有约30mL的空气。一手挤压水瓶，将所有的空气挤出，另一只手用瓶盖盖紧瓶口，使水瓶内部形成负压（图3）。

图3　形成负压的实验装置

（4）将此装置放在向阳处，可见气泡生成，由于气压的变化，塑料瓶外形逐渐恢复，不断产生的气体汇集瓶口，形成可见的气室。此时可以进行氧气的检验。

一手将瓶盖打开，另一只手迅速将带火星的卫生香伸入瓶内的气室，观察实验现象（图4）。

图4　矿泉水瓶逐渐恢复形状，点燃的卫生香伸入其中，燃烧得更剧烈

六、改进亮点

（1）实验装置制备容易，操作简便。可以推广为学生分组实验。装置简单易得，学生进行分组实验的成本低，操作场地也不受限制。

（2）实验装置密闭性高，收集氧气量较多，检验效果较好。由于二氧化碳在水中的溶解性比氧气高，起始状态的水瓶内金鱼藻利用的是溶解在水中的二氧化碳。随后产生的氧气不断溢出水面，使得塑料水瓶形状恢复，并形成明显的气室。实验装置保持密闭，可减少收集到的氧气在操作环节的浪费，易于检验。光照充足时2～3天就可以收集到足够的氧气。

📖 参考文献

［1］王妍，陆惠斌."探究绿色植物的光合作用"的实验教学［J］.生物学通报，2014（49）.

［2］唐卫东.光合作用产生氧气的探索与改进［J］.实验教学与仪器，2012（6）.

［3］刘占宇."浅谈黑藻在初中实验中的一材多用"［J］.中学生物学，2012（2）.

［4］徐光德."检验光合作用产生氧气"实验的改进［J］.生物学通报，2015（52）.

验证绿叶在光下合成淀粉（一）

珠海市第十一中学　张筱蔼　丁沛斌　易秦

一、实验在教材中所处的地位与作用

光合作用是绿色植物生理现象的重点，是整个生物界最基本的有机物代谢和能量代谢。光合作用的发现历经了科学家们200多年的探索，渗透着科学研究的艰辛历程及科学的研究方法，且光合作用与当今世界面临的粮食、环境等问题关系十分密切。

二、教材中的实验原型

教材中的实验材料选用天竺葵，为不常见观赏植物。学生对天竺葵不太熟悉，且天竺葵盆栽比较难获得，受季节影响大，作为实验材料，其局限性较大。

三、实验改进类别

实验材料改进。

四、材料器具

（1）实验材料：盆栽番薯（图1）。

图1　盆栽番薯

（2）实验器具：不透光纸、回形针、大烧杯、小烧杯、培养皿、三脚架、石棉网、酒精灯、打火机、镊子、大试管刷、黑色包装袋（图2）。

图2　器具

（3）实验药品：酒精、碘液（图3）。

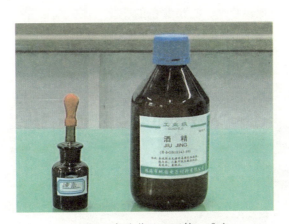

图3　实验药品：酒精、碘液

五、方法步骤

（1）实验前两天，把盆栽用黑色包装袋套住（图4），放置于阴凉处进行暗处理（图5）。

图4　把盆栽用黑色包装袋套住

图5　将盆栽放置于阴凉处进行暗处理

（2）一天后，将盆栽移出。选择生长健壮的叶片，用锡纸从上下两面遮盖叶片的一部分（图6）。然后将经处理的盆栽置于阳光下接受光照数小时（图7）。

图6　用锡纸从上下两面遮盖叶片的一部分

图7　将盆栽置于阳光下接受光照数小时

（3）摘取一片经部分遮光的叶片，除去锡纸，放入盛有酒精的小烧杯里（酒精要浸没叶片），进行水浴加热（图8）。几分钟后，观察叶片、酒精颜色的变化（图9）。

图8　水浴加热

图9　观察叶片、酒精颜色的变化

（4）等叶片变成黄白色后，取出叶片，用清水漂洗（图10）。将漂洗干净的叶片平铺在培养皿中（图11），滴加几滴碘液（图12）。片刻后，用清水洗去碘液，观察叶片颜色的变化（图13）。

图10　叶片用清水漂洗

图11　将漂洗干净的叶片平铺在培养皿中

图12　用碘液染色

图13　用清水漂洗

六、改进亮点

（1）材料易得，操作方便，学生熟悉。

（2）效果非常明显，有利于对比观察，能培养学生的核心素养。

验证绿叶在光下合成淀粉（二）

珠海市紫荆中学　邓力强

一、实验在教材中所处的地位与作用

光合作用在绿色植物新陈代谢以及整个生态系统的物质循环和能量流动中具有十分重要的地位及意义。验证绿叶在光下合成淀粉实验对于学生认识并了解光合作用的原料、产物及条件等也具有重要价值。因此，植物的"光合作用"这一节一直都是教材中的重点和难点。

二、教材中的实验原型

教师在组织实验教学验证绿叶在光下合成淀粉时，往往发现实验的酒精水浴加热脱色步骤耗时过长（图1），有时甚至花费15分钟都不能使叶片完全脱色；而且课堂涉及的新实验知识、注意事项多，使得教师难于在40分钟内很好地完成教学任务。该实验涉及明火及多个地方酒精的使用，使得整个过程存在一定的安全隐患。

图1　原教材实验装置

三、实验改进类别

（1）实验材料改进。

（2）实验方法改进。

（3）实验步骤改进。

四、材料器具

不透光纸、回形针、烧杯、试管、棉花、镊子、0.4%碘酒溶液（直接将碘溶于95%酒精中）、长春花。

五、实验原理

酒精沸点在78℃左右，可以用开水余温加热碘酒溶液使之沸腾，从而破坏植物细胞膜。碘酒溶液中的碘直接与叶片中的淀粉反应，使叶片变蓝。

六、方法步骤

1. 暗处理

实验前2~3天，把盆栽的长春花置于暗处。

2. 夹叶

在经过黑暗处理的实验材料上选1~2片生长健壮的叶片，用不透光的纸从上下两面遮盖住叶片的一部分（注意：夹叶时回形针不要压住叶片主叶脉）（图2）。

图2　夹叶处理

3. 照光

将上述实验材料置于阳光下，使部分遮光的叶片接受光照2~3小时。

4. 去夹片

摘取一片部分遮光的叶片，除去不透光纸，放入盛有碘酒的试管中（以浸没叶片为宜）（图3）。

图3　去夹叶

5. 染色

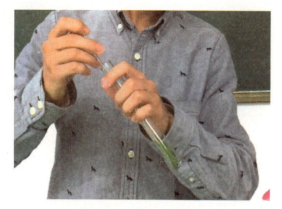

图4 将叶片推至试管底部

图5 滴加碘酒

　　取一烧杯，倒入适宜开水，将试管放入烧杯中。观察，可见到试管中的碘酒溶液开始缓慢沸腾（图4、图5）。（实际教学中也可以将恒温水浴锅调到100℃，再将试管置于其中。）

6. 漂洗

　　待叶片的未遮光部分变为深蓝色的时候（溶液大概沸腾30～90秒），取出叶片，用清水漂洗，观察叶片颜色的变化（图6、图7）。

图6 改进后实验装置

图7 改进后实验结果

七、改进亮点

1. 材料器具优化

　　不再使用酒精灯、三脚架、石棉网，减少了酒精用量（原实验酒精灯消耗酒精、水浴脱色消耗酒精，一起大概需要酒精20～30mL；改进后的实验仅需碘酒的3～5mL酒精）。

2. 方法优化创新

　　省略水浴加热酒精进行脱色步骤，直接在较高温度下破坏植物细胞膜、使碘与叶片中的淀粉反应。改进后的实验操作与准备更简单方便。

3. 安全性优化

原装置要用到酒精灯、酒精水浴加热，两者均有一定的安全隐患，而且整套装置也有倾倒风险，改进后的实验无明火，安全性大大提升。

4. 时间优化

同样是以长春花为材料，课本实验中仅水浴加热步骤就需花费15~20分钟才能使叶片脱色完全；改进后的实验方案直接利用开水余温加热碘酒进行染色，仅需2~3分钟便可得到实验结果。

总的来说，新实验方法具有快速、安全、低耗等特点，教师采用后在实验教学中将有更充分的时间让学生提出问题、进行讨论等，有利于新课标中以学生为主体这一目标的实施。

认识植物叶片的结构

珠海市第十一中学　张筱蔼　丁沛斌　易秦

一、实验在教材中所处的地位与作用

七年级上册第5章第1节《光合作用》作为初中学生在学习植物的生理功能中的十分重要的基础知识之一，可加深学生对植物多种生理功能的认知，能使学生更清楚认知植物的生活特点以及生产者的内涵。

叶片是光合作用的主要器官，因此，认识叶片的结构是学生能理解光合作用的坚实基础。而叶片的结构与植物的多种生理功能相适应，为学生学习光合作用、蒸腾作用等重要的知识点提供理解平台。

二、教材中的实验原型

教材中使用的叶片为菠菜、青菜、蚕豆等菜叶，但经本校生物教师反复实验，认为菜叶有如下缺点：

（1）菜叶太薄，极易脱水，难以保存，多个班级上课时间的区别，导致不必要的浪费。

（2）菜叶在徒手切片时，极易被切破，学生并不具备较高水平的切片技术，因此徒手切片失败率十分高，不利于课堂教学效果的实现。

（3）菜叶的叶片角质层、表皮均较薄，显微镜观察时难以清晰地分辨各个结构，观察效果较一般。

三、实验改进类别

（1）实验材料改进。

（2）实验方法改进。

四、材料器具

（1）实验材料：多种植物的叶片。

（2）实验器具：显微镜、刀片、载玻片、盖玻片、培养皿、镊子、剪刀、毛笔、针筒。

五、方法步骤

1. 观察叶片上、下表面的色泽差异

（1）校园景色（图1）。

图1　校园景色

（2）几种植物叶片上、下表面的绿色深浅不同（图2、图3、图4、图5）。

图2　鸭脚木叶片

图3　非洲茉莉叶片

图4　蟛蜞菊叶片

图5　柚子叶片

2. 制作并观察叶片的临时横切片

（1）取一片非洲茉莉的叶片，放在载玻片上（图6），用刀片在主叶脉的周围切割出长条形的局部叶片（图7），备用。

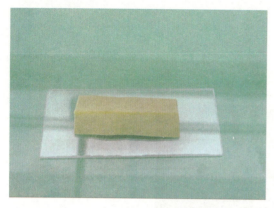

图6 将叶片放在载玻片上

图7 用刀片在主叶脉切割

（2）用手捏紧并排的两个刀片，切割载玻片上的叶片（图8），然后将刀片在清水中蘸一下，设法让夹在刀片缝里被切下的薄片进入水中（图9），重复以上操作多次。

图8 切割载玻片上的叶片

图9 将刀片缝里被切下的薄片放入水中

（3）用毛笔从水中选取最薄的一片（图10），制成临时装片（图11）。

图10 用毛笔从水中选取最薄的一片

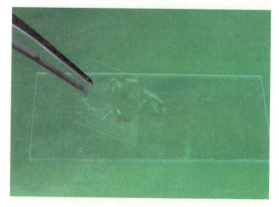

图11 制成临时装片

（4）将临时装片置于低倍镜下观察。（图12）。

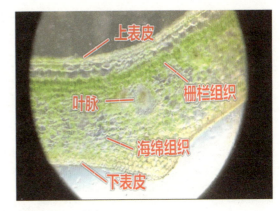

图12　将临时装片置于低倍镜下观察

3. 证明叶片气孔的存在，制作并观察叶片的下表皮装片

（1）证明叶片气孔的存在：将新鲜的植物叶片浸入热水中（图13），即可看见叶片表面出现大量的气泡（图14），说明叶片存在气孔。

图13　将新鲜的植物叶片浸入热水中　　　　　图14　观察到叶片表面出现大量的气泡

（2）取一片白菜叶片（图15），轻撕使其露出下表皮（图16）。

图15　取一片白菜叶片　　　　　图16　轻撕使其露出下表皮

（3）剪下下表皮，制成临时装片（图17），置于低倍镜下观察。

图17　剪下下表皮，制成临时装片

（4）视野中的叶片表皮，保卫细胞（图18），气孔（图19）。

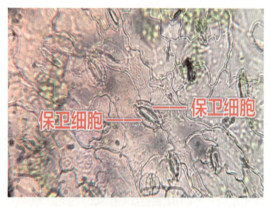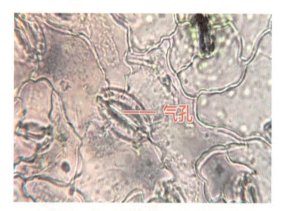

图18　保卫细胞　　　　　　　　　　　　　图19　气孔

六、改进亮点

方法简单，学生操作难度小；材料易得，大多为学校周边绿化树种；实验现象容易观察。

探究光合作用吸收二氧化碳

珠海市九洲中学 杨敏旭 赖翠敏

一、实验在教材中所处的地位与作用

演示实验探究光合作用吸收二氧化碳是北师大版初中生物第5章第1节的内容。通过实验证明光合作用吸收二氧化碳，二氧化碳是光合作用的原料。

只有理解二氧化碳是光合作用的原料，才能进一步理解光合作用的实质并理解光合作用在农业中的应用。

在讲解绿色植物维持生物圈的碳—氧平衡这一知识点，本实验也是关键一环。

二、教材中的实验原型

教材中的实验先把植物暗处理，再利用氢氧化钠吸收玻璃罐头瓶内的二氧化碳，最后经过脱色—滴加碘液来验证叶片里是否有淀粉，来说明光合作用需要二氧化碳。

原实验耗时较长，需要器械多，实验难度大，效果难以保障。

原实验不直观，对于没有化学基础的初一年级学生来说，难以理解。

三、实验改进类别

实验方法和步骤改进。

四、材料器具

水槽1个、1000mL烧杯两个、石蕊溶液、伊乐藻、二氧化碳发生装置。

五、方法步骤

（1）在水中加入石蕊溶液并搅拌（图1）。

图1 在水中加入石蕊溶液并搅拌

（2）向水中通入二氧化碳，至水变红（图2）。

图2 向水中通入二氧化碳

（3）把红色液体分为两杯（图3）。

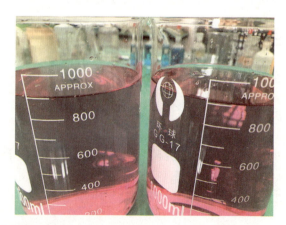

图3 把红色液体分为两杯

（4）在实验组中分别放入伊乐藻，两组同时放在阳光下（图4）。

图4　放入伊乐藻，置于阳光下

（5）放置在阳光下照射3小时，实验组产生大量气泡（图5）。

图5　放置在阳光下照射3小时

（6）取出伊乐藻、对比颜色（图6）。

图6　取出伊乐藻，对比颜色

六、改进亮点

（1）把原实验的完全吸收二氧化碳改为部分吸收二氧化碳。

（2）利用石蕊的颜色变化，直观呈现二氧化碳的变化。

（3）原实验的耗时长、装置多、难度大，简易装置可即时呈现效果。

（4）录制微课适合在课堂教学中反复演示。

📖 参考文献

［1］李朝木.改进植物光合作用实验教具的尝试［J］.生物学通报，2001（9）.

［2］刘海燕.光合作用吸收二氧化碳演示实验的改进［J］.生物学教学，2002（4）.

［3］倪新梅.植物呼吸作用和光合作用实验装置的改进与创新［J］.中国科技教育，2011（1）.

［4］吴兰兰.验证绿叶在光下吸收二氧化碳的实验教学设计［J］.生物学通报，2013（10）.

［5］李志燕.光合作用吸收二氧化碳释放氧气［J］.生物学教学，2014（2）.

观察植物的呼吸现象

珠海市湾仔中学　邱建萍

一、实验在教材中所处的地位与作用

观察植物的呼吸现象是选自北师大版七年级上册《生物》第5章《绿色开花植物的生活方式》第2节《呼吸作用》的第一部分内容。该内容是承接上一节课《光合作用》的，可帮助学生进一步理解绿色植物光合作用产生的有机物，其中贮存的能量是怎么被利用的。本课通过三个种子萌发的演示实验，意图帮助学生更直观地观察到植物的呼吸现象，然后由宏观到微观，突破细胞呼吸作用这一难点。

二、教材中的实验原型

在教材中，该部分内容有三个演示实验，实验原型如下（图1至图3）：

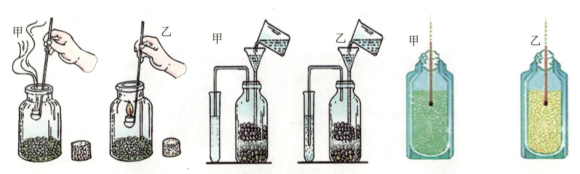

图1　种子萌发时吸收氧气　　　图2　种子萌发时释放CO_2　　　图3　种子萌发时释放能量

1. 材料处理

教材中的原文是甲、乙两个玻璃瓶（保温瓶）中分别装有等量的萌发种子和煮熟后冷却至室温的种子，笔者尝试过原文中的方法，却发现：煮熟的种子在密闭的瓶子中会出现发酵的现象，也会产生少量的二氧化碳，结果出现澄清石灰水也变浑浊的情况，这与实验结论不相符（图4）。考虑到干种子的呼吸作用很弱，可以忽略不计，另外，干种子不处理下次还可以继续利用，不浪费材料。

2. 实验装置的简便性

三个装置中用到的材料器具还包括：4个带木塞的玻璃瓶、2个燃烧匙、2根短蜡烛、2个装有清水的烧杯、2根玻璃管、2根装有澄清石灰水的试管、2个漏斗、2个保温瓶、2根水银温度计、2团棉花、6个瓶子需要耗费的绿豆。如果教师到教室上课，需要准备这么多东西，而且都是易碎品，实在不方便。部分器具，如带木塞的玻璃瓶、U型玻璃管、保温瓶这三样东西在一般的生物实验室是不容易获得的。且这样的装置往往只能用于教师在台上的实验演示，如果想让学生开展分组实验探究，那需要准备的材料就更多了。

3. 重复利用率

教材中验证种子萌发释放二氧化碳是运用加水排气法将清水通过漏斗注入种子萌发的玻璃瓶内，从而将瓶中的气体排入装有澄清石灰水的试管中。这样操作容易出现一个问题：当教师在前几个班级进行演示实验时，将水注满了整个玻璃瓶，那这组实验装置便不能再使用，只能重新制作实验装置，也就是实验装置的重复利用率比较低。

图4　煮熟后发酵的绿豆种子

三、实验改进类别

（1）实验器具改进。

（2）实验方法改进。

（3）实验步骤改进。

四、材料器具

选用萌发速度较快的绿豆、2个矿泉水瓶、2根生日蜡烛、2个吸有少量澄清石灰水的5mL容量的注射器（去针头）、2个焖烧杯、2根电子温度计、1把剪刀、大透明胶带1卷、扑克牌1张（图5）。

图5　实验器具

五、方法步骤

（一）实验装置改进

1. 瓶子的选择

选用透光性好的塑料矿泉水瓶2个，对比多种品牌的矿泉水瓶，最后选用汪之洋矿泉水瓶，其高度适中，能够放入长的薯片罐中，且瓶子中部是直的，没有其他造型，方便用透明胶带贴紧。

2. 蜡烛进出口

先尝试用蜡烛从瓶口上方伸入瓶内，会出现滴蜡的现象，有时候会使火熄灭，影响实验效果。然后尝试在瓶子侧面开口，就不会出现滴蜡的现象，而且操作起来更加的简便、顺手（图6）。

图6　不同进出方向的蜡烛燃烧情况对比

操作如下：去掉水瓶品牌标签，在原标签处用剪刀剪出长0.8cm、宽0.4cm的长方形，剪取一段透明胶带，一端紧紧贴在水瓶上，一端贴在扑克牌上，方便撕下，将点燃的蜡烛伸入瓶内。为了检验透明胶带的气密性，里面加清水测试，无漏水现象则可，如图7所示。

蜡烛进出口 ←

→ 连接透明胶带的扑克牌

图7　侧面开口的矿泉水瓶

3. 注射器的处理

在塑料水瓶靠近瓶盖的周边，蜡烛进出口的右上方，用剪刀扎一个小孔，将吸有少量澄清石灰水的注射器（去针头）插入孔内。

4. 电子温度计的插孔

在塑料水瓶的瓶盖一角（靠近注射器），用剪刀扎一个小孔，将电子温度计插入孔内（图8）。

图8　注射器及电子温度计的位置

5. 整体实验装置

用现代家庭常用的保温杯代替焖烧杯，将处理好的两个塑料瓶带着针筒和温度计分别放入两个保温杯中，开口处用毛巾堵塞，可以减少热量的散失（图9）。

图9　实验装置示意图

（二）实验方法改进

（1）实验前两天，用电子秤称取2份等量的干绿豆，其中一份加入少量的清水浸泡一晚。

（2）将萌发一晚的一份绿豆种子放入甲瓶中，另一份干种子不做处理直接放入乙瓶中。

（3）将吸有少量澄清石灰水的注射器和电子温度计插入对应的孔内，拧紧瓶盖，放入保温杯中，用毛巾封口。

（4）将其在温暖的环境中放置一夜。

（5）读取甲、乙两瓶中的电子温度计的读数。

（6）抽拉注射器，观察甲、乙两瓶注射器中澄清石灰水的变化。

（7）用打火机点燃蜡烛，撕开侧面的进入口，迅速将蜡烛伸入瓶内，观察蜡烛在甲、乙两瓶中的燃烧情况。

六、改进亮点

（1）实验装置简易化，实验材料更加环保、安全。

（2）实验装置可重复利用，节约了实验准备时间。

植物的呼吸作用

珠海市第九中学　呼小明

一、实验在教材中所处的地位与作用

《植物的呼吸作用》这一节内容包括观察植物的呼吸现象、植物细胞都能进行呼吸作用以及呼吸作用的原理及意义。本节内容在初中生物教学中占有重要而独特的地位，具有承上启下的作用。

二、教材中的实验原型（图1、图2）

图1　种子萌发时吸收氧气　　　　　图2　种子萌发时释放二氧化碳

三、实验改进类别

（1）实验材料改进。

（2）实验器具改进。

四、材料器具（图3、图4、图5、图6）

图3　萌发的绿豆种子

图4　煮熟的绿豆种子

图5　新鲜的菠菜叶

图6　煮熟的菠菜叶

五、方法步骤

（1）将等量的实验材料放在温暖的环境中，静置24小时（图7）。

图7　将等量的实验材料放在温暖的环境中

（2）上课前10分钟，将输液管插进瓶盖（图8）。

图8　将输液管插进瓶盖

（3）用挤压排气法代替加水排气法（图9）。

图9　用挤压排气法代替加水排气法

（4）将胶管深入试管液面以下，缓慢挤压瓶体，把甲乙两瓶里的气体分别挤压到澄清的石灰水中，观察石灰水的变化；下一步，将瓶盖打开，用燃烧匙快速地将燃烧的蜡烛深入瓶中，观察蜡烛在瓶中的燃烧情况。

六、改进亮点

（1）将两个演示实验改为分组实验。

（2）实验材料由单一化到多元化。

（3）实验器材简易、环保。

种子萌发时释放二氧化碳

珠海市第八中学　王红　贝丽妍

一、实验在教材中所处的地位与作用

（1）通过实验让学生了解植物在进行呼吸作用时释放二氧化碳，为学生掌握呼吸作用的概念、应用呼吸作用解释日常生活和生产中的现象打下坚实基础。

（2）围绕观察植物的呼吸现象的实验进行探究，其中对实验材料、实验装置和检测方法的选择，都能对学生设计实验的能力进行培养，尤其是实验组和对照组的设置能体现实验过程中的严谨性。

二、教材中的实验原型

实验原型中需要用到玻璃瓶、烧杯、漏斗、橡胶塞等实验仪器。仪器多，操作复杂，不适合学生分组实验（图1）。

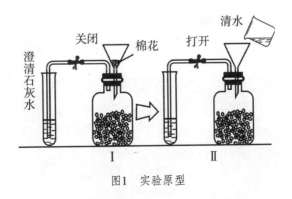

图1　实验原型

三、实验改进类别

实验器具改进。

四、材料器具

实验可选择A、B、C、D组中的一组进行，每组除了要有煮熟种子和萌发种子外，需要的器具分别见表1。

表1　实验材料器具表

组别	A	B	C	D
器具	保鲜袋、吸管、小烧杯	塑料瓶、输液管、试管	塑料瓶、注射器、小烧杯	塑料瓶、注射器、小烧杯

注：C组和D组器具一样，但实验方法不一样。

五、方法步骤

A实验组：

（1）把煮熟的种子和萌发的种子分别装进保鲜袋中，袋中保留一定的空气，扎紧放置一个小时以上。

（2）把保鲜袋打开一小口，吸管一端插入，另一端插入装有澄清石灰水的小烧杯中。

（3）轻轻挤压保鲜袋，让袋子内空气通入澄清石灰水中，观察实验现象（图2）。

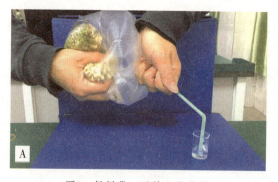

图2　保鲜袋、吸管、小烧杯

B实验组：

（1）把煮熟的种子和萌发的种子分别装进塑料瓶中，盖紧瓶盖放置一个小时以上。

（2）把输液管有大针头的一端插入瓶内，另一端插入装有澄清石灰水的试管中。

（3）轻轻挤压塑料瓶，让瓶内空气通入澄清石灰水中，观察实验现象（图3）。

图3　塑料瓶、输液管、试管

C实验组：

（1）把煮熟的种子和萌发的种子分别装进塑料瓶中，盖紧瓶盖放置一个小时以上。

（2）把带针头的注射器插入瓶内，抽取塑料瓶里面的气体。

（3）缓缓把注射器内的气体通入澄清石灰水中，观察实验现象（图4）。

图4　塑料瓶、注射器、小烧杯（气体注入小烧杯内澄清石灰水中）

D实验组：

（1）把煮熟的种子和萌发的种子分别装进塑料瓶中，盖紧瓶盖放置一个小时以上。

（2）把带针头的注射器插入澄清石灰水中，抽取一定量的液体。

（3）把注射器插入塑料瓶中，抽取瓶内气体，震荡注射器，观察实验现象（图5）。

图5　塑料瓶、注射器、小烧杯（用注射器抽取气体、澄清石灰水）

六、改进亮点

（1）实验装置简单易操作，实验效果明显，可以反复操作。

（2）实验器材环保、易获取。

（3）适用于学生分组实验。

观察根毛

珠海市第十一中学　丁沛斌　张筱蔼　易秦

一、实验在教材中所处的地位与作用

植物生活需要的水分是根从土壤中吸收的，而根部与土壤的接触面积是依靠根毛来扩大的。通过本实验，能观察到根毛的生长区域，了解根毛的重要性。

二、教材中的实验原型

原实验采用小麦和玉米幼苗，不易获得且发芽时间长，同时观察根毛较为困难，需要借助放大镜。

三、实验改进类别

（1）实验材料改进。
（2）实验方法改进。
（3）实验步骤改进。

四、材料器具

小烧杯、卡纸、菜心种子。

五、方法步骤

（1）将卡纸卷成圆筒状，固定在小烧杯当中（图1）。

图1　制作种子萌发装置

（2）将菜心种子卡在纸筒与烧杯壁之间（图2）。

图2　将菜心种子卡在纸筒与烧杯壁之间

（3）往纸筒中央加入适量的水，使卡纸浸湿（图3）。

图3　往纸筒中央加入适量的水，使卡纸浸湿

（4）菜心种子吸水萌发，长出幼根，可观察到根毛（图4）。

图4　菜心种子萌发效果图

六、改进亮点

（1）材料改进：选用菜心种子，萌发时间短。

（2）方法改进：采用纸筒固定菜心种子，加水使其紧贴烧杯壁萌发，便于垂直观察根毛。

北师大版初中生物　第5章 绿色开花植物的生活方式　第3节 吸收作用

探究植物细胞的吸水和失水（一）

珠海市夏湾中学　杨洋　李青

一、实验在教材中所处的地位与作用

探究植物细胞的吸水和失水是北师大版初中生物第5章《绿色开花植物的生活方式》第3节《吸收作用》的探究实验。本实验的目的是让学生直观地观察到植物细胞吸水和失水的现象，了解植物细胞吸水和失水所需要的外界条件，为植物吸收水分和无机盐奠定理论基础。

二、教材中的实验原型

教材中设置的是一个开放探究实验，为学生提供了萝卜或马铃薯作为实验材料，利用天平、量筒、清水和食盐水等材料器具进行探究。

三、实验改进类别

（1）实验材料改进。
（2）实验呈现方式改进。

四、实验原理

将剪开的葱段放入清水中，葱细胞液浓度大于外界溶液浓度（清水），细胞吸水，使细胞膨胀，体积增大。因为葱段的外表皮细胞有一层蜡质，限制了细胞吸水与体积的增大，所以内层细胞膨胀比外表皮细胞快得多，剪开的部分便渐渐向外弯，形成漂亮的葱花。另外，把葱花放入饱和食盐水以后，葱细胞液浓度小于外界溶液浓度（饱和食盐水），细胞失水缩小，葱段剪开向外弯的部分逐渐恢复，并且葱段明显发软。

五、材料器具

葱、清水、饱和食盐水、剪刀、镊子。

六、实验步骤

（1）剪出数条葱段，用剪刀沿葱段壁垂直剪开，但不要剪至底部（图1）。

图1　剪葱段

（2）把葱段浸泡在清水里约1～2分钟。

（3）剪开的葱段部分在清水里渐渐向外弯曲，形成漂亮的葱花（图2）。

图2　葱段在清水中形成葱花

（4）把葱花再放入饱和食盐水中约1分钟，葱段向外弯的剪开部分逐渐恢复，并且葱段明显发软（图3）。

图3　葱花在饱和食盐水中恢复原貌，并变软

七、改进亮点

（1）改用葱进行试验，这种材料可以不受季节、地区的影响，而且价格便宜。在市场或超市均可方便购买到。

（2）实验时间短，见效快。整个实验只需2～3分钟，节约了课堂时间。

（3）实验效果明显，并具有艺术性。学生可以动态地观察到葱花的形成与恢复的过程，诱发他们的思考，达到引入新课的教学目的。

参考文献

樊景新.利用葱动态演示植物细胞的吸水和失水［J］.生物学教学，2010（8）.

探究植物细胞的吸水和失水（二）

珠海新世纪学校　索影

一、实验在教材中所处的地位与作用

吸收作用与植物的光合作用、呼吸作用一起构成了绿色植物生活对物质和能量需要的主要内容，这对学生全面理解植物生活方式十分重要。本节课通过让学生实验探究植物吸水和失水的原理，把抽象的内容转化为具体现象，让学生从感性知识入手，通过对比实验进行观察得出结论。

二、教材中的实验原型

教材中的这个实验是以日常生活中的现象为基础：将萎蔫的黄瓜浸泡在清水中，黄瓜会逐渐变得硬挺，将少量的酱油倒入盛有黄瓜条的盘里，盘里会出现越来越多的汤汁，黄瓜条逐渐变得柔软。从而提出问题：黄瓜细胞吸水或者失水的前提条件是什么？

实验选用黄瓜、萝卜或者马铃薯作为实验材料，选用的实验器具包括：小菜板和菜刀，天平及砝码，500mL量筒、烧杯（4个），清水、20%食盐水。自己设计实验方案，根据对实验现象的分析，说明黄瓜细胞吸水或失水的条件。教材中没有给出明确的实验方案，让学生自己设计实验步骤来探究细胞吸水和失水的条件。

三、实验改进类别

（1）实验材料改进。
（2）实验器材改进。

四、材料器具

新鲜的萝卜、不锈钢钢管、培养皿、饱和的食盐水、烧杯、清水、刀、标签纸。

五、方法步骤

（1）分别在两个烧杯中加入等量的清水和饱和食盐水，并贴好标签（图1）。

图1　烧杯中分别加入等量的清水和饱和食盐水

（2）取一个新鲜萝卜，用刀切下厚度相同的萝卜块。

（3）用不锈钢钢管在萝卜块上切出两个大小相同的圆块（图2）。

图2　用不锈钢钢管切下两个厚度相同的圆块

（4）将切下的两个圆萝卜块分别放在清水和饱和食盐水中。

（5）经过大约40分钟的时间后，将用不同方法处理过的圆萝卜块放入相应的萝卜块洞里，观察其大小变化，并用手摸萝卜块的软硬程度（图3）。

图3　观察圆萝卜块的软硬和大小变化

（6）分析实验现象，得出结论（表1）。

表1　实验现象分析

萝卜块条件	硬度变化	大小变化	原因分析
饱和食盐水	变软	变小	萝卜细胞失水
清水	变硬	变大	萝卜细胞吸水

由此，我们可以验证：萝卜吸水和失水的条件取决于外界溶液浓度的大小，当外界溶液浓度小于萝卜细胞液浓度时，萝卜就吸水，当外界溶液浓度大于萝卜细胞液浓度时，萝卜就失水。

六、改进亮点

（1）本实验用饱和食盐水，萝卜细胞失水更快，可有效缩短实验时间。

（2）用不锈钢钢管切出大小相同的圆形萝卜块，并放在清水和饱和食盐水中，然后再将处理过的圆萝卜块放入相应的萝卜块洞中，观察的变化效果十分明显。

📖 **参考文献**

［1］淮安市教育技术装备中心.初中生物实验教学指导［M］.南京：东南大学出版社，2013.

［2］崔庚寅，赫子瑞，尹惠芳.生物学实验教学疑难解答（初中）［M］.北京：化学工业出版社，2007.

植物的蒸腾作用和运输作用

珠海新世纪学校 索影

一、实验在教材中所处的地位与作用

蒸腾作用是绿色植物的一项重要生理活动，它对维持植物体内水分的含量，以及在高温季节降低植物体的温度等生理活动起着至关重要的作用。教材对绿色植物的蒸腾作用知识的构建，从实验观察植物的蒸腾现象入手，使学生确信植物具有蒸腾现象，接着引导学生了解蒸腾作用的概念、过程及蒸腾作用的意义等。植物散失大量的水分是正常的生理现象，如果不把这一点讲清楚，学生就不会理解这种生理现象对于植物本身的重要性。

绿色植物通过根吸收的水分和无机盐，将由导管运输到植物体其他部分，通过光合作用制造的有机物，将由筛管运输到植物体的其他部分。绿色植物的这种运输作用，保证了植物体各部分对各种营养物质的需求，教材中通过观察和实验认识到水分和无机盐是通过木质部中的导管运输的。学习蒸腾作用的内容也是为运输作用的学习做铺垫。

二、教材中的实验原型

教材中这两个实验是分开进行的，分别是北师大版七年级下册第5章第4节《蒸腾作用》和第5节《运输作用》两个实验。

其中，植物的蒸腾失水这个实验是用一种阔叶植物的两个枝条，其中一个保留叶片，一个去掉叶片，将处理过的枝条放在装有等量清水的试管中，用透明的塑料袋分别套在两个枝条上，放在有阳光、温暖的地方一段时间后，观察发生的实验现象。

观察茎对水和无机盐的运输的实验，也是选用阔叶植物，将阔叶植物保留叶片，其中一个剥掉树皮，另一个不做任何处理，将它们放在盛有稀释红墨水的锥形瓶中，放在有阳光、温暖的地方一段时间后，观察实验结果。

教材安排的实验中，选择了试管、锥形瓶等玻璃器具，易碎，实验中存在不安全因素。

三、实验改进类别

（1）实验材料改进。
（2）实验器材改进。
（3）实验设计改进。

四、材料器具

生长旺盛的番薯植物枝条、矿泉水瓶、记号笔、解剖刀、剪刀、放大镜、食用油、稀释的红墨水（代替水分和无机盐）、橡皮筋、大号透明保鲜袋等。

五、方法步骤

（1）分别将10mL的红墨水倒入装有等量清水的矿泉水瓶中，配置浓度相同的稀释红墨水。

（2）选择叶片数量相同，长势相似的番薯植物枝条3条，分别标号为甲、乙和丙，三个枝条做如下处理：甲枝条保留叶片、保留茎皮，乙枝条保留叶片、环剥茎皮，丙枝条去掉叶片、环剥茎皮（图1）。

图1 甲、乙和丙枝条处理结果

（3）将处理过的枝条甲、乙和丙分别插入矿泉水瓶，其中装有等量相同浓度的稀释红墨水，并分别标号为甲、乙和丙，注意枝条要插入瓶底。

（4）在稀释的红墨水表面放一些食用油，防止水分蒸发（图2）。

图2 甲、乙和丙枝条插入矿泉水瓶中，并在表面放一层食用油

（5）用透明塑料袋分别将甲、乙和丙枝条上露出瓶外的部分罩住，并用橡皮筋扎紧（图3）。

图3　用塑料袋将甲、乙和丙枝条上露出瓶外的部分罩住

（6）将罩好塑料袋的甲、乙和丙三个瓶子放在温暖有阳光的地方照射3个小时（图4），观察透明塑料袋上的现象。

图4　将甲、乙和丙瓶放在温暖有阳光照射的地方3个小时

（7）观察甲、乙、丙瓶透明塑料袋上出现的现象，甲、乙塑料袋内壁出现水珠，丙塑料袋内壁没有水珠出现，现象如图5所示。

甲　　　　　　　　　　乙　　　　　　　　　　丙

图5　照射3个小时后塑料袋上的情况

（8）取下塑料袋，观察叶脉的变化，其中，甲、乙叶脉变红，丙切口处变红，如图6所示。然后取出甲和乙枝条，用清水冲洗干净。用解剖刀分别做一个横切和纵切，用放大镜观察横切面和纵切面的情况，辨别茎内运输水分和无机盐的部位，如图7所示。

图6　甲、乙叶脉变红，丙切口变红

图7　甲、乙、丙枝条木质部均被染红，丙枝条切口变红

（9）实验现象（表1）。

表1　实验现象

枝条	处理情况	塑料袋上现象	木质部
甲	保留叶片，保留茎皮	有水珠	染红
乙	保留叶片，环剥茎皮	有水珠	染红
丙	去掉叶片，环剥茎皮	没有水珠	染红

（10）实验结论

甲、乙对照得知，植物通过木质部运输水和无机盐。

乙、丙对照得知，植物通过叶片进行蒸腾作用。

六、改进亮点

（1）七年级课程紧，将两个实验同时进行，可以大大缩短实验的准备时间，植物运输水和无机盐的动力来自蒸腾作用，通过观察蒸腾作用实验现象可以更好地认识水分和无机盐在茎内的运输。

（2）实验中，选用矿泉水瓶来代替玻璃容器，减少了实验的危险性，也可以变废为宝。

📖 **参考文献**

［1］淮安市教育技术装备中心.初中生物实验教学指导［M］.南京：东南大学出版社，2013.

［2］崔庚寅，赫子瑞，尹惠芳.生物学实验教学疑难解答（初中）［M］.北京：化学工业出版社，2007.

北师大版初中生物　第5章 绿色开花植物的生活方式　第5节 运输作用

观察茎对水和无机盐的运输

珠海市第九中学　呼小明

一、实验在教材中所处的地位与作用

本实验是七年级上册第5章中植物的运输作用其中的一个实验，其内容包括观察水分和无机盐在茎内的运输以及观察并识别水分和无机盐在茎中的运输结构导管。该部分内容虽然简单，但对认识植物的运输作用却至关重要。

二、教材中的实验原型

本实验以北师大版初中生物教材中"运输作用"为实验原型，要求学生能够说出运输水和无机盐、有机物的运输方向。

三、实验改进类别

实验材料多样化和个性化改进。

四、材料器具

芹菜叶、白菜叶、生长长度为10~15cm的黄豆芽等材料，锥形瓶、清水、红墨水、刀片、载玻片、盖玻片（图1）。

图1　材料器具

五、方法步骤

（1）分别取两个长势差不多的芹菜叶、豆芽、白菜叶插入装有清水和等量红墨水的锥形瓶中，一段时间后，观察叶片和叶柄横切面颜色的变化（图2）。

图2 分别取两个芹菜叶、豆芽、白菜叶插入装有清水和等量红墨水的锥形瓶中

（2）用小刀将材料进行纵切或横切，观察各部分颜色有什么不同，找出导管的位置。将叶柄纵向剥离，观察其中变红部位的形态（图3、图4、图5）。

 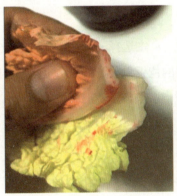 

图3 纵切或横切实验材料　　图4 找出导管的位置　　图5 将叶柄纵向剥离，观察变红部位

（3）将芹菜叶或者白菜叶柄上变红的筋络撕取一小段，放在滴有水滴的载玻片上，并用镊子用力挤压，制作成临时装片，观察导管结构（图6、图7、图8）。了解导管的形态和功能相适应的特点。

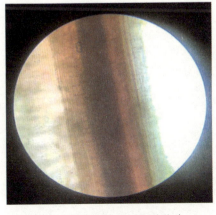 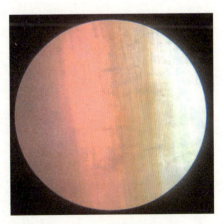

图6 芹菜叶柄纵切临时装片　　　　图7 白菜叶柄纵切临时装片

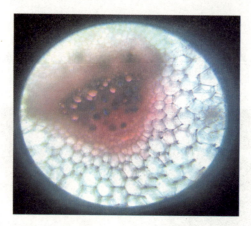

图8 芹菜叶柄横切临时装片

六、改进亮点

教材中实验材料单一，并受到地域条件限制。本实验改进后优点如下：

（1）运用生活中常见材料，如芹菜、豆芽、大白菜，这些材料都是生活中常见且便于取材的。

（2）同时选取多种材料进行该实验便于比较分析，是对教材演示实验的补充和完善，有利于调动学生参与实验活动的积极性。

（3）教师提供更多实验材料，让学生自主选择，满足学生个性化探究的需要。

（4）不仅让学生了解了导管在茎中的位置以及导管的作用，而且有助于帮助学生解除导管是否仅仅存在于茎中的困惑。

📖 参考文献

［1］张玉双.初中生物教学开展微型实验初探［J］.中学课程辅导（教师教育），2017（8）.

［2］张海鸥.整合实践活动，促进概念生成［J］.生物学教学，2017（42）.

［3］袁维.农村学校七年级生物上册9个活动的替代材料［J］.中学生物学，2016（32）.

北师大版初中生物　第6章 绿色开花植物的生活史　第1节 种子萌发形成幼苗

探究种子萌发的外部条件

珠海市第七中学　罗春愈

一、实验在教材中所处的地位与作用

探究种子萌发的外部条件是北师大版七年级上册第6章第1节第3课时的内容。为了能使种子萌发的条件这一知识点的教学更具有条理性、连贯性和整体性，使学生更好地构建知识体系，本人对本节三个课时内容进行了调整，将探究种子萌发的内部条件和外部条件安排在第3课时内完成。从知识上来看这是对前面两个课时的延伸与内化，也是提供学生体验科学探究的平台。培养学生的科学探究能力是生物学科核心素养的一项重要内容。倡导以探究为核心的多种教学方式又是生物学课程改革的一个突破点。然而，如何设计探究实验方案？如何选择实验材料和实验装置？怎样保持单一变量？怎样设置对照实验？这些都是学生难以理解的内容。因此，本节内容为学生科学探究能力的培养提供了很好的平台，能很好地锻炼学生实验设计、动手操作、观察实验、分析问题等能力，进一步培养设置对照实验、控制变量等科学探究能力。同时，在探究活动中，有助于培养学生的责任意识和持之以恒、实事求是的科学态度及探索精神。综上所述，本实验是培养学生科学探究能力这一核心素养的重要平台，在探究实验教学中充分体现了以教师为主导，学生为主体的新课程理念。

二、教材中的实验原型

通过探究种子萌发的外部条件这一课时内容，探究实验存在一些不足之处。

1.关于实验材料

（1）教材上的实验选用绿豆或花生种子，结合教学进度，做本实验时已经是冬季（12月底），温度较低，种子萌发时间会较长，至少需要3～4天。整个实验过程耗时较长，跨度大，因此会影响教学的连贯性和知识的衔接性，且会使学生失去耐心，降低其学习积极性。

（2）夏季，虽然绿豆种子萌发很快，仅需要萌发12小时左右萌发率就能达到80%，但由于完全浸没在水中的绿豆种子大部分都会萌发，容易出现异常的实验现象，导致实验结果不具有说服力（图1）。

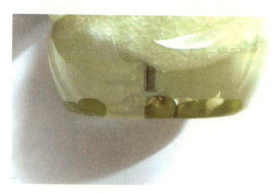

图1　完全浸没在水中的绿豆种子

（3）萌发后的绿豆种子不易观察到根尖的结构。因此，教材选用绿豆种子不利于后续实验的拓展延续。

2. 关于实验装置（表1）

表1　教材中实验的原处理方式

1号	2号	3号	4号
不洒水	倒入较多的清水，使种子浸没在水中	洒入少量的清水，使种子湿润	洒入少量的清水，使种子湿润
置于室温环境中	置于室温环境中	置于室温环境中	置于低温环境中（如冰箱内）

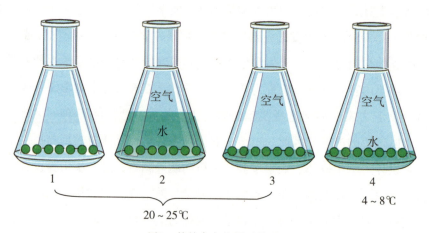

图2　教材中实验原型装置

教材中原实验方法是选取4个锥形瓶，分别标记为1号、2号、3号和4号，再向每个锥形瓶中放入等量的绿豆种子，然后依照表1中的处理方式进行实验（图2）。综上，实验方法有如下不足之处：

（1）教材中原实验装置略显复杂，实验器材准备烦琐，实验实施较为麻烦。

（2）实验场所仅限于校内，不便于管理。

（3）原实验装置对比观察效果差，不利于学生深入熟悉和掌握设置对照实验及控制单一变量等科学探究的方法。

3. 关于实验设计

（1）教材中原实验引导学生探究种子萌发的外部条件，仅从温度、空气、水分三个角度来设计探究实验。然而，生活中还有一些常见的外部因素（如光照）是否也会影响种子萌发呢？教材并未提及。

（2）教材对于种子萌发的内部条件并未设计实验来验证，只是从形式上给出了概念。

（3）教材将本探究实验作为一个独立实验进行设计，并未考虑这个探究实验能否与教材的其他实验相互整合。

综上所述，我们是否可在这个探究实验基础上展开一些简单的拓展实验呢？

三、实验改进类别

（1）实验材料改进。

（2）实验装置改进。

（3）实验设计改进。

四、材料器具

萝卜种子、废弃的透明塑料瓶（如怡宝矿泉水瓶）、海绵、筷子、剪刀、煮沸的凉开水、圆形模板（图3）。

图3　材料器具

五、方法步骤

（1）取两个透明塑料瓶，用剪刀截去瓶口，瓶子的下半部分代替锥形瓶，并分别在两个塑料瓶上部两侧各穿3个小孔，以便空气对流（图4、图5）。目的是排除空气含量这一无关变量对B组和C组种子萌发产生的干扰。（参考实验装置图12）

图4　塑料容器制作

图5　打孔后的塑料瓶

（2）根据制作的塑料瓶容器口大小，利用生活中常见的圆形模板（如镜子），画取轮廓，剪4块合适大小的粉色或黑色海绵（图6）。

图6　剪取合适大小的海绵圆垫

（3）将刚才制作的两个塑料容器甲、乙分别注入冷却至室温的凉开水，至塑料瓶的1/3处（图7）。

图7　注入冷却至室温的凉开水于塑料瓶中1/3处

（4）用勺子分别将10粒饱满的萝卜种子放入两个塑料瓶底（图8）。

图8　分别放入10粒饱满的萝卜种子淹没于两个塑料瓶底

（5）分别将筷子插入海绵圆垫中心处，每支筷子插入两个海绵圆垫。用筷子加以固定，避免海绵圆垫不平整或者掉落（图9）。

图9　用筷子固定后的海绵圆垫

（6）在两个塑料瓶的水面处分别塞入中间插有筷子的海绵，并将海绵圆垫湿润。在湿润的海绵圆垫上放10粒饱满的萝卜种子。注意海绵圆垫要松紧适度，放置时避免在水中产生气泡（图10）。

图10　分别放入10粒饱满的萝卜种子于两个塑料瓶中的湿润海绵圆垫上

（7）再将筷子上另一个海绵圆垫塞入瓶口处，在干燥的海绵处放10粒饱满的萝卜种子，用筷子固定好海绵，保持海绵平整（图11）。

图11　分别放入10粒饱满的萝卜种子于两个塑料瓶中的干燥海绵圆垫上

（8）将甲、乙塑料瓶放在室温（25℃左右）和低温（冰箱）的环境中，观察实验现象（图12），见表2所列。

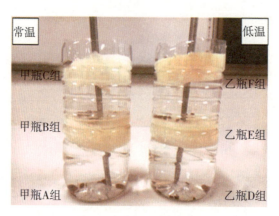

图12 改进后的实验装置

表2 实验装置说明

外界条件	甲瓶			乙瓶		
	A组	B组	C组	D组	E组	F组
充足的空气	×	√	√	×	√	√
适量的水分	√	√	×	√	√	×
适宜的温度	√	√	√	×	×	×

六、改进亮点

1. 实验材料

（1）取材容易，结构简单，操作方便，废品重复利用，有利于培养学生的动手实践能力和探索能力，树立环保意识。

（2）萝卜种子与绿豆种子相比，在冬季萌发较快，仅需2～3天萌发的根就有1cm左右，有利于教学的连贯性和知识的衔接性。由于完全浸没在水中的萝卜种子几乎不能萌发，不会出现异常的实验现象，因此，实验结果更具有说服力（图13、图14）。

图13 完全浸没在水中1天的绿豆种子　　　　图14 完全浸没在水中1天的萝卜种子

（3）萝卜种子萌发两天后根长得更快，根毛很明显，更易观察根尖的结构，有利于实验的延续和拓展（图15）。

图15　萌发两天后的萝卜种子，能很清晰地观察到根毛结构

综上，选用萝卜种子作为实验材料，能使实验现象更具明显性、延续性和可说服力。

2. 实验装置

（1）装置所占空间小，便于学生观察记录。场所不限，在家也可完成。

（2）该装置能很好地体现探究实验的三个原则：设置对照、控制变量、减少误差。控制变量法、对照实验法的运用，有利于对比观察，效果很好，能培养学生的科学素养。

3. 实验设计

（1）利用煮沸后冷却的凉开水（氧气少）代替清水，可尽量排除空气干扰的影响，能更好地减少误差，使实验结果更明确。

（2）该装置具多效性。由于塑料瓶透明，海绵材质柔软，种子萌发2～3天后，可作为观察根尖根毛的材料，还可以直接用来观察种子萌发到形成幼苗的生长发育过程。另外，若用土壤浸出液替换塑料瓶中的清水，继续培养幼苗，又可以探究"植物生活需要无机盐"实验。还可以探究光照对种子萌发有无影响。

总之，实验组合得巧妙、有趣、科学，对比明显、便于观察，有利于激发学生学习生物的积极性，可更好地引导学生意识到要留心观察生活，利用生活中一些材料代替实验器材，学会创新实验装置，改进实验方法，亲身参与探究过程，循序渐进地使学生在主动学习的过程中培养探究技能、创新精神和科学态度，进而发展学生的科学思维，培养其科学探究能力。几个实验一气呵成，操作简单，节约时间，连贯性强，增强了实验的延续性，有利于提高课堂效率。此外，实验装置适合于学生开展研究性学习活动，有利于培养学生的实验设计和探究能力，培养其创新能力。

📖 **参考文献**

［1］陈舒文.对"探究种子萌发条件"实验的改进与完善［J］.中学生物学，2016（3）.

［2］杜娟，李德前."探究种子萌发的外界条件"实验新设计［J］.中国现代教育装备，2012（4）.

［3］梁国球."探究种子萌发的外界条件"的实验设计［J］.实验教学与仪器，2002（6）.

［4］刘萍，南兰兰，刘艳等.几种探究种子萌发条件实验装置的设计与分析［J］.生物学教学，2017（4）.

［5］齐薇.利用"种子萌发的条件"实验培养学生的观察能力［J］.新课程（中学），2015.（5）.

［6］张红梅."探究种子萌发需要的外界条件"实验的创新［J］.新课程（中学），2015（7）.

［7］黄桂琼.种子萌发需外界条件实验装置的设计与改进［J］.中学教学参考，2011（7）.

［8］孙东青.种子萌发的外界条件演示实验装置的改进［J］.教学仪器与实验，2012（3）.

观察种子萌发时的形态结构变化

珠海市第十中学　张晓华

一、实验在教材中所处的地位与作用

本实验是北师大版初中七年级生物上册第6章第1节《种子萌发形成幼苗》。本节课对学生学习种子的结构和植物体各部分结构有非常重要的地位和作用。

二、教材中的实验原型

教材是将浸泡一天的几粒种子（小麦或者菜豆等）间隔一定距离种植到盛有洗净的细沙或者锯末等基质的容器里。播种后每天观察一次，持续10天左右，观察种子萌发时各部分结构发生的连续性变化。

三、实验改进类别

实验材料的改进。

四、材料器具

废弃的颜料盘、喷水壶、湿巾纸、绿豆种子（图1）。

图1　实验材料与器具

五、方法步骤

（1）将颜料盘中每个方格铺上纸巾，取胚完整的种子放入颜料盘的第一列，每个方格放两粒种子。喷洒上清水，放置温暖通风的地方，并保持湿润（图2）。

图2　实验步骤　第一天

（2）以后每天按照同样的方法操作，重复8天（图3、图4、图5、图6、图7、图8、图9）。

图3　实验步骤　第二天

图4　实验步骤　第三天

图5　实验步骤　第四天

图6　实验步骤　第五天

图7　实验步骤　第六天

图8　实验步骤　第七天

图9　实验步骤　第八天

（3）比较观察。

第十天时，分别取每一列格子其中一株的幼苗，按顺序排列好，观察幼苗发育过程中各个结构的变化（图10）。

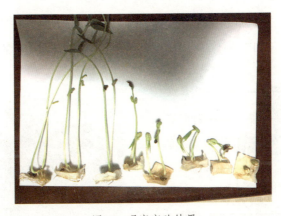
图10　观察实验结果

六、改进亮点

在颜料盘中铺垫吸水纸巾，利用颜料盘中的格子，每天投放三组种子，依次投放8天，每天观察一次，持续10天左右，这样可以比对观察种子萌发过程中各个结构的变化，并且对于各个结构的变化过程可一目了然，对种子萌发过程中胚芽、胚轴、胚根和子叶的变化观察起来也更直接。

解剖观察叶芽的结构

珠海市湾仔中学　邱建萍

一、实验在教材中所处的地位与作用

本实验选自北师大版七年级上册第6章第2节《营养器官的生长》，在学习种子萌发形成幼苗后，要帮助学生进一步了解植物营养器官的生长，尤其是了解植物茎和叶的生长，本实验起着重要的启发作用。枝条是由叶芽发育成的，所以一个叶芽就是一个带叶枝条的缩影。想要了解叶芽发育成枝条的过程，就必须了解叶芽的结构。

二、教材中的实验原型

教材中建议使用丁香或毛白杨的叶芽，但在珠海市取材不容易，且叶芽的个体比较小，需要借助放大镜、显微镜等工具进行观察，不利于学生直接用肉眼去清晰观察和识别叶芽的各部分结构（图1、图2）。

生长点
叶原基
芽原基
幼叶
芽轴

图1　叶芽的纵切面示意图

毛白杨的叶芽

图2　毛白杨的叶芽

三、实验改进类别

实验材料改进。

四、材料器具

紫甘蓝、刀、砧板、解剖针。

五、方法步骤

（1）用刀在砧板上纵切紫甘蓝，注意不要切偏（图3）。

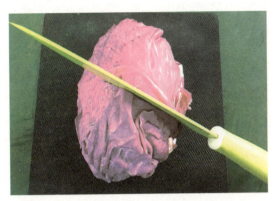

图3　用刀在砧板上纵切紫甘蓝

（2）观察紫甘蓝纵切面，参照书本，用解剖针指认各部分结构名称（图4）。

图4　观察紫甘蓝纵切面

（3）推测叶芽的各部分与枝条的各部分之间的发育关系（图5）。

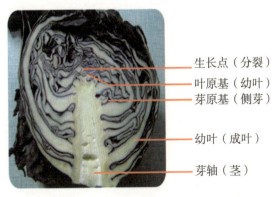

生长点（分裂）
叶原基（幼叶）
芽原基（侧芽）

幼叶（成叶）

芽轴（茎）

图5　推测叶芽的各部分与枝条的各部分之间的发育关系

六、改进亮点

（1）取材方便：紫甘蓝又称红甘蓝、紫洋白菜或紫茴子白，俗称紫包菜，十字花科、芸薹属甘蓝种中的一个变种，结球甘蓝中的一个类型。由于外叶和叶球呈紫红色，故被称为紫甘蓝，也叫紫圆白菜。紫甘蓝可在珠海市各个菜市场购买，且每个班可反复使用，实验结束后还可继续食用，不浪费。如果按照教材上的做法，摘取植物枝条上的叶芽，还会对植物体造成损伤。

（2）方便观察：将丁香的叶芽更换成紫甘蓝，将其切开，可直接辨认芽的各部分结构，材料容易获取，市场可购买，且实验操作简单、现象明显，学生可进行分组实验。

解剖和观察花的结构

珠海市第十中学　张晓华

一、实验在教材中所处的地位与作用

本实验选自北师大版初中七年级生物上册第6章第3节《生殖器官的生长》。本节的重要概念包括：花、果实和种子是植物体的生殖器官，开花和结果标志植物体进入一生的成熟阶段；不同植物的花形和花色多样，但花的主要结构和功能基本上相同（花的结构）；传粉是受精的前提，能否真正授粉，将进一步决定能否实现受精乃至形成果实和种子（花的功能）。在课程标准中对此概念的要求是：能够概述开花和结果的过程，属于理解水平。从概念的关系中可见，认识花的结构是传递其他概念（花的功能）的基础。对于花的结构了解和认识最好的方法就是让学生亲手解剖并观察。

二、教材中的实验原型

教材中实验的选材是桃花。由于季节性及地域性原因，实验前收集桃花开展实验的难度较大。

三、实验改进类别

实验材料改进。

四、材料器具

粉花羊蹄甲、清水、放大镜、显微镜、解剖刀、镊子、滴管、载玻片和盖玻片（图1）。

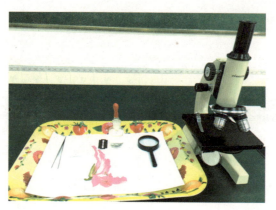

图1　实验材料与器具

五、方法步骤

（1）对照教材中桃花的结构模式图，观察粉花羊蹄甲花的各部分结构，并初步对应了解各部分结构的功能。区分两种花结构上的异同点。

花萼（由若干萼片组成）、花冠（由5片花瓣组成）、雄蕊（由花药和花丝组成，花药里面有花粉，花丝支撑着花药）、雌蕊（由柱头接受花粉，花柱连接柱头和子房，子房里面由胚珠组成）。

（2）用镊子依次摘下花萼、花冠、雄蕊，记录它们的位置。将各部分粘贴在相对应的位置上（图2）。

图2　粘贴花的各个结构

（3）将一枚雄蕊放在载玻片上，用放大镜观察花丝和花药，注意花药是否已经开裂。然后在花药上滴一滴清水，盖上盖玻片后轻轻挤压，使花粉粒散出来，再用显微镜观察花粉粒的形态（图3）。

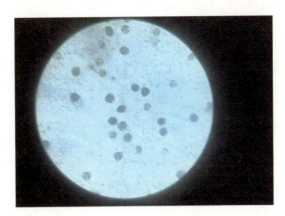

图3　显微镜下的花粉粒

（4）将一枚雌蕊放到载玻片上，用放大镜观察柱头并注意其表面特征。然后，用解剖刀纵向剖开子房，用放大镜观察里面的胚珠（图4）。

图4　放大镜下的胚珠

（5）选取几枚发育程度不同的子房进行对照，观察子房发育为果实的过程（图5）。

图5　子房发育过程标本

（6）画出花的结构模式图（图6）。

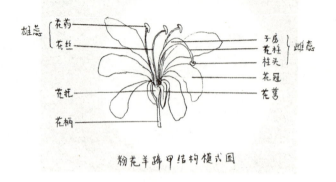

图6　花的结构模式图

六、改进亮点

（1）选用粉花羊蹄甲花，这个实验材料在珠海市容易获取，而且花期比较长。

（2）粉花羊蹄甲花不仅适合观察花各个部分的结构，最重要的是它的胚珠在放大镜下清晰可见，花开放后整个发育过程也是很清晰，便于观察。

（3）制作的子房发育过程标本可以观察到子房发育为果实，胚珠发育为种子。

探究唾液对淀粉的消化作用

珠海市第十一中学　丁沛斌　张筱蔼　易秦

一、实验在教材中所处的地位与作用

本实验是在了解了食物中的营养物质以及消化系统的基本构造基础上，通过探究活动，让学生理解口腔对食物的初步消化过程，这可为认识食物消化的全过程做铺垫。

二、教材中的实验原型

教材中使用馒头块和馒头碎屑作为实验材料，存在以下问题：

（1）馒头块的大小不好控制，切取时学生使用刀具存在安全问题。

（2）取材时因实验材料淀粉含量过高，导致反应时间较长。

三、实验改进类别

（1）实验方法改进。

（2）实验步骤改进。

四、材料器具

稀饭粒、馒头碎屑、各类食材浸出液、碘液、木筷子、玻璃仪器等。

五、方法步骤

1. 化学性消化

（1）验证化学性消化实验材料准备：提供馒头碎屑、米汤、土豆汤等淀粉溶液（使用对应的食材进行熬煮，如图1、图2、图3所示，也可用番薯汤、芋头汤、玉米汤、香蕉汤替代）。

图1 馒头碎屑

图2 米汤

图3 土豆汤

（2）实验过程：按照表1进行化学性消化实验，并记录实验现象。

表1 化学性消化实验过程记录表

组别	试管编号	材料	对试管的处理	实验温度	反应时间	检测试剂	现象
馒头组	1	馒头碎屑+2mL清水	振荡	37℃	7min	碘液	
	2	馒头碎屑+2mL唾液	振荡	37℃	7min	碘液	
米汤组	1	2mL米汤+2mL清水	振荡	37℃	7min	碘液	
	2	2mL米汤+2mL唾液	振荡	37℃	7min	碘液	
土豆汤组	1	2mL土豆汤+2mL清水	振荡	37℃	7min	碘液	
	2	2mL土豆汤+2mL唾液	振荡	37℃	7min	碘液	

（3）实验结果（图4）。

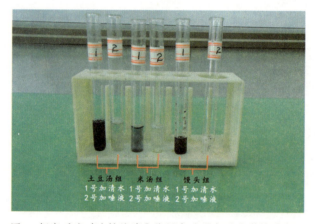

图4 探究唾液对淀粉的消化作用实验现象（化学性消化）

　　结果表明，三个组别的1号试管溶液均变蓝，淀粉未被消化。对比三个组别的2号试管，土豆汤、米汤与唾液反应7分钟后遇碘不变蓝，说明淀粉已完全被消化，而仍有少量的馒头碎屑未被唾液消化，遇碘变蓝，因此可选用食材淀粉浸出液代替馒头碎屑进行实验，反应时间短，效果更佳。

2. 物理性消化

　　（1）验证物理性消化实验材料准备：馒头块、馒头碎屑（使用解剖刀将馒头块切碎）、稀饭粒、稀饭碎屑（使用木筷子将稀饭粒捣碎）。

　　（2）按照表2步骤进行物理性消化实验，并记录实验现象。

表2　探究物理性消化对淀粉的消化作用

组别	试管编号	材料	对试管的处理	实验温度	反应时间	检测试剂	现象
馒头组	1	馒头块+2mL唾液	不振荡	37℃	10min	碘液	
	2	馒头碎屑+2mL唾液	振荡	37℃	10min	碘液	
稀饭组	1	稀饭粒+2mL唾液	不振荡	37℃	10min	碘液	
	2	稀饭碎屑+2mL唾液	振荡	37℃	10min	碘液	

（3）实验结果（图5）。

实验结果表明，两个组别中1号试管遇碘均有少许变蓝，说明块状食材不易被唾液消化，而两个组别的2号试管均不变蓝，说明切碎、振荡这些物理性消化对唾液消化淀粉有促进作用；对比馒头组与稀饭组，二者实验效果相当，但从取材及对材料的处理来看，选用稀饭粒无须使用刀具，更安全，更便捷。

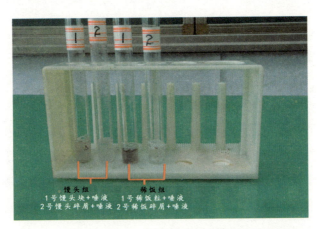

图5　探究物理性消化对淀粉的消化作用实验结果

六、改进亮点

（1）在验证化学性消化时，改为米汤等食材浸出液，可通过稀释食材浸出液的浓度来缩短反应时间。

（2）在验证物理性消化时，舍弃传统的馒头块，改为稀饭粒，无须用刀具切取，且经过烹饪后米饭变为稀饭粒，其淀粉含量大为下降，亦可缩短反应时间。

（3）使用木筷子将稀饭粒捣碎即可代替馒头碎屑，方便、安全、快捷。

淀粉和葡萄糖能否透过肠衣

珠海市第十一中学　张筱蔼　丁沛斌　易秦

一、实验在教材中所处的地位与作用

七年级下册中的主要内容为人体八大系统，而学生对人体系统理解的开端就是第8章第2节《食物的消化和营养物质的吸收》，通过学生已有的亲身体验，为学生理解人体系统打下良好的基础。

本实验主要的难点在于理解食物在人体中消化的微观概念，食物中的营养物质，大分子、小分子等微观概念也是学生较难理解的微观知识点。因此本实验在解决上述问题上有很大的作用，学生能掌握实验的原理，也就掌握了本节课中最难的微观消化概念。

二、教材中的实验原型

教材中使用的实验材料是透析袋，透析袋对于初一年级的学生来说，是较为陌生的器材，这样会加大学生的理解难度，学生也较难将消化与透析袋联系起来。

实验中将透析袋两端扎紧一端浸入烧杯中的实验步骤，经我校生物科组反复实验，认为较容易在浸入烧杯那端发生透析袋内部溶液渗漏的情况，使实验结果产生较大的误差。

三、实验改进类别

（1）实验材料有创新。
（2）实验方法有改进。

四、材料器具

（1）材料器具（图1）。肠衣2段、透析夹4个、250mL烧杯2个、500mL烧杯2个、滴管2支、玻璃棒1根、灌肠器2个、医用手套2套、镊子1把、温度计2支。

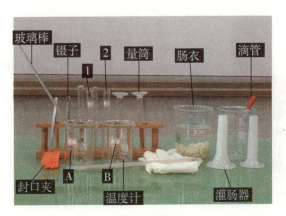

图1 材料器具

（2）药品（图2）。斐林试剂A液（0.1g/mL NaOH）、斐林试剂B液（0.05g/mL CuSO₄）、碘液、葡萄糖溶液、淀粉溶液、蒸馏水。

图2 药品

五、方法步骤

（1）往A、B两大烧杯中倒入适量蒸馏水（图3）。

图3 往烧杯中倒入蒸馏水

（2）用密封夹将肠衣下端夹紧（图4），从另一端注入适量淀粉溶液（图5），再用密封夹将其上端夹紧，此肠衣标注为A样品（图6）。将A样品两端向上，中段浸泡于A烧杯的蒸馏水中（图7）。

图4　用密封夹将肠衣下端夹紧

图5　从肠衣另一端注入适量淀粉溶液

图6　用密封夹将肠衣上端夹紧

图7　将A样品肠衣中段浸泡于蒸馏水中

（3）同上法，将适量葡萄糖溶液注入B肠衣中，将B样品中段浸泡于B烧杯的蒸馏水中（图8）。静置约1小时（图9）后，可对A、B烧杯内的液体分别进行检验。

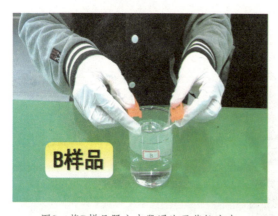

图8　将B样品肠衣中段浸泡于蒸馏水中

图9　静置观察

（4）首先，使用碘液对A烧杯内的液体进行淀粉鉴定：取约2mL A烧杯内的液体，注入1号试管中，2号试管内装约2mL的蒸馏水；分别往1、2号试管内滴加2滴碘液（图10），振荡；结果显示，两支试管内的液体均不变蓝色（图11）。

图10　往1号、2号试管内滴加碘液

图11　实验现象

再往A烧杯内直接加入适量碘液（图12），一段时间后，A烧杯内的液体不变蓝色，但A肠衣内的淀粉溶液变成了蓝色（图13）。此实验现象进一步地说明了淀粉不能透过肠衣。

图12　A烧杯内直接加入适量碘液

图13　实验现象

（5）然后，使用斐林试剂对B烧杯内的液体进行葡萄糖鉴定：取两支试管，均注入约1mL斐林试剂A液和1mL斐林试剂B液，混合而成2份斐林试剂，备用（图14）；取约2mL B烧杯内的液体，注入1号试管中，2号试管内装约2mL蒸馏水；将刚配置好的斐林试剂分别倒入1、2号试管中（图15），振荡，使之混合均匀。最后将这两支试管放入烧杯中水浴加热（图16），观察溶液的颜色变化。稍后，1号试管出现砖红色沉淀，2号试管无此变化（图17）。

图14　配制两份斐林试剂

图15　将斐林试剂分别倒入1号、2号试管中

图16　水浴加热

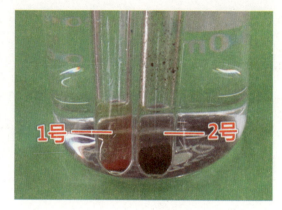

图17　实验现象

六、改进亮点

肠衣由细胞构成，肠衣膜即细胞膜，学生可将淀粉和葡萄糖能否透过肠衣直接理解为淀粉和葡萄糖能否透过细胞膜，被细胞吸收，降低了理解难度。

北师大版初中生物　第8章　人体的营养　第2节　食物的消化和营养物质的吸收

淀粉和葡萄糖透过透析袋的差异

珠海市第七中学　罗春愈　　　珠海市夏湾中学　李青　杨洋

一、实验在教材中所处的地位与作用

淀粉和葡萄糖透过透析袋的差异是北师大版七年级下册第8章第2节的重要演示实验，其目的是通过让学生观察哪种物质可以透过透析袋，思考进入消化系统前食物为什么必须经过消化。利用透析袋能够使学生较为形象地联想到消化道，有助于学生更好地理解消化的概念和过程，进一步使学生理解食物的消化和吸收过程以及消化系统结构和功能相适应的特点。通过演示实验，让学生在合作、创新、交流中培养自身的团队协作精神和正确的科学态度。此外，本实验又为高中生物学课程中的经典演示实验"渗透现象"做好铺垫，让学生容易理解半透膜的特性，进而能够分析和了解渗透现象发生的原理和条件。

二、教材中的实验原型

笔者发现淀粉和葡萄糖透过透析袋的差异演示实验（图1），存在一些不足之处。

1. 实验材料

实验需要透析袋，而透析袋使用成本高且不易购买，导致实验无法开展。

2. 实验方法

（1）原实验用线绳也不易把袋口扎紧，导致实验不易成功。

（2）用尿糖试纸来检验葡萄糖，材料易得，用法简单，效果直观，易观察。

图1　实验原型示意图

初中 生物实验设计与思考

三、实验改进类别

（1）实验材料改进。
（2）实验方法改进。

四、实验原理

淀粉属于大分子物质，不能透过半透膜。维生素C、葡萄糖属于小分子物质，可以透过半透膜。滴加碘液可以检验淀粉是否存在。用尿糖试纸可以检验葡萄糖是否存在。加碘的淀粉溶液与维生素C溶液呈褪色反应。总之，通过上述实验可以推测淀粉、葡萄糖、维生素C能否透过半透膜。

五、材料器具

3个大小基本相当的鸡蛋、葡萄糖溶液、维生素C溶液、淀粉溶液、碘液、加碘的淀粉溶液、尿糖试纸、3个50mL的小烧杯、3个培养皿、镊子、吸管、浓盐酸溶液、清水、量筒、试管（图2）。

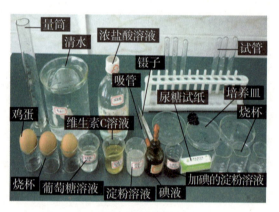

图2 材料器具

六、方法步骤

（一）卵壳膜的制备（课前教师提前制备好卵壳膜）

（1）先将3个50mL的小烧杯装适量浓盐酸溶液，并将该烧杯分别置于3个培养皿中（图3）。目的是避免盐酸溢出。

图3 将装有适量浓盐酸溶液的3个50mL小烧杯置于培养皿中

94

（2）取3个大小基本相当的鸡蛋，将鸡蛋的钝端敲开一蚕豆大小的孔，倒去蛋清、蛋黄（图4），并用清水洗净，将尖端朝下搁置于装有适量浓盐酸溶液的50mL小烧杯上（图5）。

图4　将鸡蛋的钝端敲开一小孔，倒去蛋清、蛋黄，洗净　图5　将鸡蛋的尖端置于装有浓盐酸溶液的50mL小烧杯上

（3）约1小时后，部分尖端蛋壳被溶去，露出保留完好的卵壳膜（图6）。

图6　部分尖端蛋壳被溶去后，露出保留完好的卵壳膜

（二）固定装置

（1）先将刚制好的3个卵壳膜分别固定在装有清水的50mL小烧杯上浸泡，清洗卵壳膜（图7）。

（2）倒掉烧杯中的清水，在3个50mL的小烧杯中装入适量的清水，分别在3个卵壳膜上贴淀粉溶液、葡萄糖溶液、维生素C溶液标签，以便于区分（图8）。

图7　清洗卵壳膜　　　　　　　图8　将卵壳膜置于装有清水的小烧杯中

（三）向卵壳中滴加溶液

用量筒分别量取等量且适量的维生素C溶液、葡萄糖溶液、淀粉溶液加入标有淀粉溶液、葡萄糖溶液、维生素C溶液的卵壳膜装置中，约半卵壳的量（图9、图10）。

图9　装有淀粉溶液、葡萄糖溶液、维生素C溶液的卵壳膜装置示意图

图10　装有淀粉溶液、葡萄糖溶液、维生素C溶液的卵壳膜装置图

（四）用试剂检验

1. 检验淀粉溶液的通过情况

一段时间后，从标有淀粉溶液的烧杯中取出适量的液体，放入A试管中。再在A试管中滴加几滴碘液，会发现试管中的液体没有变蓝，说明淀粉不能通过卵壳膜，即证明淀粉不能透过透析袋（图11）。

图11　用碘液检验淀粉溶液的通过情况

2. 检验葡萄糖溶液的通过情况

用尿糖试纸从标有葡萄糖溶液的烧杯中蘸取少量液体，再和标准比色卡进行对比，发现尿糖试纸颜色由淡蓝色变成棕黄色，由阴性变成阳性2+，从而证明葡萄糖能透过卵壳膜，即证明葡萄糖能透过透析袋（图12）。

图12　用尿糖试纸检验葡萄糖的通过情况

3. 检验维生素C溶液的通过情况

一段时间后，从标有维生素C溶液的烧杯中取出适量的液体，放入B试管中。再在B试管中滴加适量的加碘淀粉溶液，可发现加碘的淀粉溶液褪色了，说明维生素C能透过卵壳膜，即证明维生素C能透过透析袋（图13）。

图13　用加碘的淀粉溶液检验维生素C溶液的通过情况

七、改进亮点

1. 实验材料

利用学生们司空见惯的鸡蛋壳制半透膜，方便直观，且用的是带有部分蛋壳的卵壳膜作为半透膜进行该实验，不用扎半透膜，不会导致透析袋内溶液渗出，从而解决了半透膜密封不严、固定难的问题，因此该装置便于推广使用。

2. 实验方法

（1）本实验增加了一个内容，检测维生素C能否通过透析袋，既可以丰富实验内容，完善了对膜的透性的探究，使实验更具说服力，进一步证明小分子物质能穿过透析袋，又可以让学生复习巩固之前所学知识"维生素C的检测"，使学生形成知识体系。

（2）本实验改进后用尿糖试纸检测葡萄糖，材料易得，方便，又能使实验结果更为明显，克服了斐林试剂难以配制，检测时需要加热等步骤复杂的缺点，使检测实验的结果更易观察。

3. 实验教学

经过实验材料装置的改进设计，改进后的实验过程更加简单、现象明显。这样，"淀粉和葡萄糖通过透析袋的差异"实验不再限于课堂演示，还可适用于生物学课堂开展的探究性教学，学生能够在实验课上进行小组合作探究，改进后的实验设计也可为教师开展课外的研究性学习提供参考。

参考文献

［1］刘小楠，王重力.用滤纸制作透析袋［J］.教学仪器与实验，2008：24（7）.

［2］段金梅，韩少海，李熙东.关于鸡蛋卵壳膜的探究实验［J］.实验教学与仪器，2016（5）.

［3］尚德兰.新教材实验改进二则［J］.生物学通报，2005：40（4）.

［4］郭琪琦，刘香梅."膜的透性"探究实验的设计［J］.生物学教学，2007：42（11）.

北师大版初中生物　第9章　人体内的物质运输　第1节 血 液

模拟血型鉴定

珠海市文园中学　邓莉

一、实验在教材中所处的地位与作用

本实验内容是对血液中红细胞功能的一个重要补充，同时血型鉴定与学生的实际生活联系紧密，也是学生的兴趣点所在。本实验不仅满足了学生的探究欲望，也加强了学生的认知体验，实现了理论与实践的结合统一。

二、教材中的实验原型

该实验在教材中无明确材料说明，在一线教学中，这个实验可操作性较低，在教学中实践案例非常少。部分教学案例中会采用真实的血液和血型鉴定试剂，但有较大安全隐患，同时也很难采购到相应试剂。

三、实验原理

维生素B_1是可溶性维生素，由于分子中含有嘧啶环和噻唑环，能与碘试剂生成沉淀。牛奶遇酸会产生变性反应，有沉淀现象。本实验利用两种能产生沉淀的化学反应，来模拟不同血型与两种血清的反应，以探究四种血型的特点。

四、实验改进类别

（1）实验材料改进。
（2）实验方法改进。

五、材料器具

白瓷盘、试剂瓶、培养皿、载玻片、滴管、玻璃棒、牙签、放大镜。

六、方法步骤

1. 实验材料配置（图1）

A型血——鲜橙汁，直接买市场上的橙汁即可。

B型血——碘液，先将2g碘化钾溶于5mL水中，然后加1g碘，充分溶解后，加水至100mL。

O型血——红色墨水，每100mL蒸馏水中滴加3～4滴红墨水。

AB型血——橙汁和碘液等量混合。

A型血清——维生素B_1溶液，将1～2片维生素B_1药片溶于100mL的水中。

B型血清——纯牛奶，直接买市场上的纯牛奶即可。

图1　四种血型模拟材料

2. 实验过程

（1）将配置好的A、B、AB、O型标注为赵、钱、孙、李，模拟四位伤员血液。

（2）取清洁载玻片一块，在载玻片两端各滴一滴待测试剂（图2）。

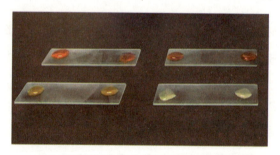

图2　两端各滴一滴待测试剂

（3）在两端分别滴上两种血清（图3）。

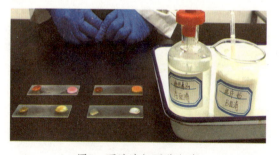

图3　两端滴加两种血清

（4）用解剖针混匀两种试剂，观察反应（图4）。

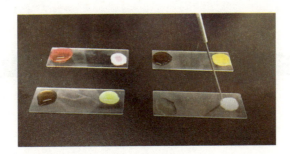

图4　解剖针混匀

（5）先用肉眼观察有无沉淀现象，若无法判断，可用放大镜来观察（图5）。

图5　放大镜观察

（6）具体反应如表1。

表1　反应结果

血型 血清	A型（鲜橙汁）	B型（碘液）	O型（红色蒸馏水）	AB型（碘液+鲜橙汁）
A型标准血清 （维生素B₁溶液）	无沉淀	红棕色沉淀	无沉淀	红棕色沉淀
B型标准血清 （纯牛奶）	橙色沉淀	无沉淀	无沉淀	红棕色沉淀

七、改进亮点

（1）材料取自生活食用用品，方便易得，可操作性大大增强，实验安全性提高。

（2）由表及里，通过实验体验引发学生探究机理的兴趣，增强知识与生活实际的连接。

📖 **参考文献**

［1］沙静芳，谭兴云."模拟血型鉴定"实验材料的更新［J］.中学生物学，2013（4）.

［2］邓可，刘恩山."模拟血型鉴定"实验的改进［J］.生物学教学，2008（5）.

观察静脉血、动脉血

珠海市九洲中学　杨敏旭　赖翠敏

一、实验在教材中所处的地位与作用

本实验源自北师大版初中生物七年级下册第9章第1节《血液》，第一次出现动脉血和静脉血概念。第9章第2节《血液循环》，第二次出现动脉血、静脉血的区别，并安排了一个演示实验"观察动脉血、静脉血的变化"。

在教材中反复出现动脉血、静脉血概念，可见此概念为本章重要概念之一，理解和区分动脉血、静脉血成为本章的重点和难点。此概念也影响到学生对后面人体呼吸系统的学习。

二、教材中的实验原型

教材中的实验只是简单地展示动物血块的颜色和切开血块后切口的颜色，用血块来说明血液的变化，学生很难直观地理解。

实验展示的动物血液一般是割开颈部放血而获得的，得到的血液既有动脉血也有静脉血，实验存在一定的科学性错误。

实验要观察到血液颜色变化耗时较长、实验难度大，而且动物血液容易变质，不容易在教学中反复演示。

三、实验改进类别

（1）实验方法改进。

（2）实验步骤改进。

四、材料器具

100mL针筒一个、人体静脉血两管、集气瓶一个、氧气发生装置一套（包括过氧化氢、二氧化锰、锥形瓶、橡皮塞、橡皮管、水槽等）（图1）。

图1　材料器具

五、方法步骤

（1）实验收集氧气并抽入针筒里（图2）。

图2　收集氧气并抽入针筒

（2）往静脉血中打入氧气（图3）。

图3　往静脉血中打入氧气

（3）对比两管血液的颜色（图4）。

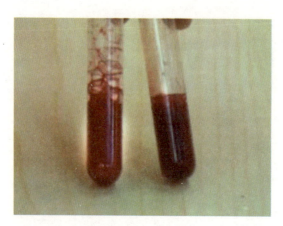

图4　对比两管血液颜色（左为打入氧气的血液）

六、改进亮点

（1）把原实验的动物血块改为人体血液，真实直观。

（2）原实验的静脉血与动脉血混合，改为区分实验前的静脉血和实验后的动脉血，清楚对比两种血液。

（3）原实验耗时长、难度大，改进实验为短时展示，即时效果呈现。

（4）录制的微课可以在课堂教学过程中反复演示。

参考文献

［1］郭光志，杨明.动脉血、静脉血的转化与煤气中毒实验［J］.中学生物学，2001（4）.

［2］周建湘.用对比实验促进学生对动脉血静脉血概念的理解［J］.生物学教学，2002（9）.

［3］徐国恒.谈动脉血与静脉血的概念与教学［J］.生物学通报，2004（10）.

［4］吴海莉.让动脉血、静脉血的转化看得见［J］.中学生物教学，2006（8）.

［5］贾刚.动脉、静脉、动脉血与静脉血比较［J］.中学生物学，2008（7）.

［6］黄平生.反复再现动脉血、静脉血实验探究［J］.生物学教学，2010（2）.

［7］邵永刚.动脉血和静脉血转换装置及其使用［J］.生物学教学，2013（1）.

［8］楼秋林.动脉血和静脉血的相互转化实验［J］.中学生物学，2015（2）.

成员活动心得

浅谈基于核心素养的初中生物实验创新策略

珠海市第八中学　朱琦　　　珠海市第七中学　罗春愈

　　随着新课程改革的不断深化，关注发展核心素养，推动落实立德树人已成为生物学教学的首要任务。生物学课程标准倡导以核心素养为宗旨，从生命观念、科学思维、科学探究和社会责任等方面发展学生的学科核心素养，强调学生主动参与学习探究的过程。实验活动是生物教学中最具活力、生机、有效的教学形式，由此可见，实验教学无疑是促进学生的生物学科核心素养深度培育的重要途径。然而，目前的初中生物实验教学的多数实验因实验材料的选择、实验方法的实施、实验装置的设计、实验呈现的方式等因素，导致难以落实学生核心素养的培养，难以体现实验教学的可行性、高效性、指导性。因此，本文以课题实践研究为平台，以实验材料、实验方法、实验装置和实验呈现为切入点，立足实验创新策略，探讨基于核心素养的初中生物实验创新策略。

一、优化实验材料的选择

　　实验材料选择是否合理，是实验是否成功的衡量标准。实验材料的正确选择往往会是发现实验原理的根源。然而，生物实验材料往往存在地域差异，难以获取，受取材季节与教学进度不一致、材料成本高、实验效果不明显、操作烦琐等因素制约，导致实验难以开展或以失败结束。因此，优化实验材料，本着具备代表性、典型性的原则，选择一些容易采集、操作简便的材料，有助于实验顺利开展，确保实验的成功。

　　例如，在细胞大小与材料扩散之间的关系实验中，考虑到七年级学生缺乏化学基础，对实验材料之间的反应原理是模糊的，而且氢氧化钠溶液具有腐蚀性，增加了实验的危险性。因此，笔者引导学生替换使用方便易得的实验材料，将新鲜萝卜、红墨水替换原材料，或采用土豆、碘液替换原材料（图1），使学生在实验中熟知性高，制作方便，耗时短，还解决了实验危险性的难题，整个实验更

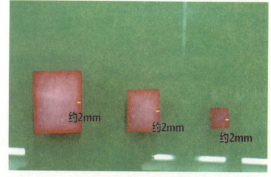

图1　用土豆（上）和白萝卜（下）
研究细胞大小和物质扩散的关系

安全可靠，实验操作简便，实验现象明显，更有助于学生认识细胞大小与物质交换速率之间的关系，理解细胞体积较小的原因等知识。

图2　发酵装置

再如，在制作沼气发酵装置实验中，考虑到猪粪、植物秸秆、池底污泥比较脏、味重等因素，笔者巧用煮熟的马铃薯条来代替猪粪、秸秆等材料（图2），这样，不仅实验材料容易制备，而且又干净，还能让学生在轻松简单的实验中直观形象地认识发酵技术之间的物质转化，强化学生对概念的融会贯通。

因此，优化实验材料的选择，能使实验的处理、过程更为简单，使实验现象更为明显，从而实现实验的可行性、实效性，使学生在活动中积极进行科学探究，感知体验，合作交流，促进学生在实验创新中较好地理解概念知识，学会思考与解决现实生活中的生物学问题，发展学生的科学思维，能使学生更好地理解生命现象与规律之间的因果关系，形成生命观念。

二、创新实验方法的实施

考虑到教材中有的实验方法步骤较为烦琐、过程缓慢难以掌控；有的实验操作略有困难难以实施；有的实验因方法不够严谨，效果不佳难以具有说服力；有的实验以演示、验证为主难以落实学生科学探究素养的培养。因此，大胆创新实验方法，简化、优化实验方法步骤，能有效地达成实验的目的，获得实验的成功。

例如，在验证绿叶在光下合成淀粉的实验中，考虑到原实验酒精水浴加热脱色步骤耗时过长，且课堂涉及实验知识、安全注意事项多，使得教师难以在一节课时内较好完成教学任务。因此，笔者尝试创新方法探究，用地方常见的长春花替代天竺葵原材料（图3），采用0.4%碘酒溶液，这样既能省略水浴加热酒精进行脱色步骤，直接将叶片置入放有碘酒溶液的试管中，并将试管置入盛有开水的烧杯中约90秒（图4），从而提高实验的安全性，实现快速、简单、安全、低耗的实验教学（图5）。创新实验方法的实施，能引导学生学会观察、比较、分析、推理等思维活动，让学生站在科学家的角度去反思实验过程，从而既能落实新课标以学生为主体的目标，又能发展学生的科学思维能力，培养学生的科学探究素养。

图3　实验材料长春花

图4　改进后的实验装置

图5　改进后的实验结果

又如，在观察根毛实验中，教材采用小麦或玉米幼苗，不易得且发芽时间较长，用放大镜观察根毛较为困难。此外，考虑到多个班做重复实验，实验材料损耗比较大。因此，笔者引导学生以小组为单位，查阅文献资料，尝试改用发芽时间短且容易获取的菜心种子，用纸筒固定种子，加水使其萌发紧贴烧杯壁，种子萌发的效果特别好，根毛生长清晰可见，而且可以重复观察，不会破坏根毛（图6）。通过这种方式，不仅可以激发学生的探究欲望，培养科学的探究能力，而且可以取得良好的实验效果，有效提高课堂效率，拓宽学生的思维，发展学生的科学思维，加强学生对实验的理解。

图6　菜心种子萌发效果图

因此，实施创新实验方法，引导学生在实验中善于思考，不仅提升了学生观察、分析、思考、创新能力，还抓住了实验活动的本质，简单高效达成实验目标，训练了学生用科学思维的习惯去理解现象、解决问题的能力，有助于学生个性和谐发展。

三、改进实验装置的设计

实验器具是实验的核心组成部分，决定实验现象的效果明显与否。实验装置的正确、规范、完整、简便、安全与否，直接与实验设计的科学性、方法步骤的安全性、实验效果的显著性等密切关联。因此，实验装置若能简洁明了、安全高效、操作简便、可重复利用，器材若能来源于生活，简单易得，在很大程度上可促进实验的开展和推广。

例如，在探索种子萌发的外部条件的实验中，笔者发现该实验在教学上存在以下不足：①结合教学进度，实验在冬季12月底，绿豆种子萌发需要3～4天，耗时长，且完全浸没在水中的绿豆种子大部分也会萌发，容易出现异常的实验现象。②教材中实验原型采用4个锥形瓶，略显复杂，对比观察效果不够理想。③实验缺乏延伸和拓展。因此，笔者鼓励学生采用萝卜种子代替绿豆种子，用透明矿泉水瓶、海绵、一次性筷子等材料改进实验装置的设计，不仅解决了时间长，实验容易出现异常现象等问题，使实验现象更有说服力，还利于实验的延续和拓展，如萌发后的种子根毛明显，可进行观察根毛实验，且能继续培养幼苗，探究植物生活需要无机盐实验，实现了实验装置的多效性（图7）。此外，实验装置海绵、矿泉水瓶、木筷子都是废品利用（图8），所占空间小，体现了探究实验的三个原则：设置对照、控制变量、减小误差，从而使学生在探究过程中更易对比观察，效果明显（图9）。

图7 萌发后的萝卜种子　　　图8 实验装置　　　图9 改进后的实验设计

因此，在实验探究中鼓励学生突破教材的限制，改进实验装置的设计，既是实验内容的创新，又是教学形式的创新，引导学生针对生物学现象进行观察，发现问题，敢于质疑，勇于创新，启发学生利用身边易得的环保材料改进实验装置的设计，使学生动手又动脑，在结果交流与评价中尝试解决问题，从而促进学生生物学概念的形成，发展学生的科学思维，大胆自主创新设计并实施实验，培养了学生的科学探究能力，有助于学生乐于探究，掌握科学探究的一般方法。

四、丰富实验呈现的方式

生物的生命周期都有一个相对比较漫长的过程，有些实验观察耗时比较长，如饲养家蚕、孵化鸟卵等；有些实验涉及户外参观活动，如参观组织培养、参观养鸡场等；有些概念只有模式图，如反射弧、血液循环路线等。此外，在现有的学习材料中，鲜有完整且针对教学用的视频或微课素材。因此，教师可以创造性地丰富实验呈现的方式，如教师将自己或带领学生自制教具模型呈现，或将实验过程精选效果好、具有代表性的相片和视频，制作成微课直观呈现，或以融入参与性的演示实验互动呈现，创设自主性的探究实验深刻呈现，凸显生活化的拓展实验延伸呈现等方式，在多样化的呈现方式中引导学生积极参与实验活动的讨论学习，对促进学生生物学科核心素养的培养具有重要作用。

图10 教师拍摄的金丝蚕不同发育阶段图片

例如，在饲养家蚕实验中，教师跟踪拍摄金丝蚕一个生命周期50天的生命历程（图10），查阅并了解家蚕的身体结构、不同生长阶段特征等相关资料，录制出8分钟《金丝蚕的成长日记》微课，既能为学生和教师饲养家蚕、授课提供很好的学习资料，又可使学生在观看实验微课时直观感受生命的历程，是引领学生关怀生命的关键手段，有助于学生树立敬畏生命的社会责任意识。

又如，在反射弧演示器实验中，教师用硬纸壳、音乐贺卡机芯、细电线等简单材料，模拟反射弧结构、神经冲动的传导。该设计将教材中抽象的平面结构图变为直观教具，通过灯闪、音乐响，让学生感受到刺激信息的传导过程，从而较好地完成实验教学效果（图11）。

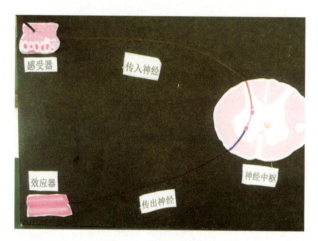

图11　反射弧演示器

因此，多样化的实验呈现方式，一方面能提高教师整合教材实验能力，另一方面能培养学生动手、动眼和动脑的能力。丰富实验呈现的方式既要以高效学习为切入点，紧扣实验目标的落实，又要基于教学实际的基础，充分且有效地使学生在实验过程中全面发展，真正凸显与落实生物学科核心素养的培养。

五、结语

生物学是一门基于实验活动的学科，新课程理念倡导在生物课堂教学中关注落实培养学生的生物学科核心素养，实现学生全面发展及健康成长。因此，笔者带领课题组成员一起立足实验改进创新策略，关注生物学科核心素养，尝试在探索优化实验材料选择、创新实验方法实施、改进实验装置设计、丰富实验呈现方式这四个方面进行探讨，引导学生形成生活观念，发展科学思维习惯，培养学生的科学探究能力，树立社会责任意识。总之，灵活整合、开发和利用课程资源，立足实验改进创新策略，能更好地提升教师的实验教学专业素养，深度挖掘实验教学的育人价值，鼓励学生反思、质疑、交流与创新，是学生形成生命观念的好平台，是发展学生科学思维的主阵地，是培养学生科学探究能力的新捷径，是学生树立社会责任意识的奠基石，能充分实现学生全面、健康、快乐地成长，凸显生物学科核心素养的重要意义。

参考文献

［1］张改玲，张玉坤.以"核心素养"立意的初中生物学命题策略［J］.生物学教学，2018（3）.

［2］中华人民共和国教育部.义务教育生物学课程标准（2017年）［S］.北京：中华人民共和国教育部，2017.

［3］郭琪琦.基于核心素养的中学生物实验创新趋势［J］.中学生物教学，2017（7）.

［4］刘建华，杨祖芳.在生物实验说课活动中创新实验教学［J］.实验教学研究，2017（5）.

［5］张军林.基于核心素养的高中生物学实验改进和创新［J］.中学生物教学，2018（3）.

［6］吴加玲.核心素养视域下初中生物实验教学容易忽视的几个问题［J］.教育实践与研究，2018（11）.

和美相伴，温暖同行

珠海市第八中学　朱琦

2016年7月，当一个新学年即将拉开序幕的时候，朱琦中学生物名师工作室重新投入珠海市香洲区名师团队的怀抱，开启为期两年的工作。围绕"初中生物实验改进的实践研究"课题，每月策划并开展相应的研讨交流活动，学员们珍惜每一次相聚的学习时间，积极思考，勤于分享。在名师引领、同伴互助、自学研修、参观考察多种形式活动中，工作室主持人和学员们都获得了长足的进步，课题的研究也达到预期目标。工作室工作包括以下几个方面。

一、工作室基本运行情况

在第一届名师工作室14名成员基础上，第二届学员扩增至22人，他们分别来自珠海市香洲区教育科研中心、七中、八中、九中、十中、十一中、紫荆、文园、夏湾、湾仔、九洲、新世纪、唐家中学共13个单位，基本涵盖城区中学（图1）。

图1　工作室成员合影

主持人：朱琦。

顾问：孙玉硕。

名师团队：贝丽妍。

组长：罗春愈、邱建萍、梁志伟、贝丽妍。

学员：张筱蔼、王红、索影、赖翠敏、杨敏旭、丁沛斌、邓莉、鹿鸣、李青、易秦、杨洋、张晓华、邹小梅、彭晓瑜、呼小明、邓力强。

工作室顾问孙玉硕老师是珠海市香洲区教师发展中心生物教研员，主持人朱琦老师是广东省南粤优秀教师、珠海市名教师。两位工作室主要成员能够充分发挥引领作用，共同协商并组织策划每个月的教研活动，做到工作室和香洲区生物教研活动不冲突，尽可能做到相互补充，相互支持。在每次的教研活动中，主持人都能够积极参与评课、议课等研讨环节，并主动承担公开示范课，在香洲区生物教师团队中有一定的威信和号召力。工作室成员年轻，充满朝气，肯钻研，肯学习，能够积极参与公开课、技能大赛、讲座等活动，均获得不俗的成绩，并逐渐成长为学校业务的骨干力量。

发挥自身的特长优势，善于将工作经验总结归纳，如邱建萍、杨敏旭、鹿鸣、丁沛斌、易秦、罗春愈老师，积极探索信息化手段与学科融合教学，在信息化教学方面具有良好的示范和引领作用。

图2　工作室案例汇编

二、活动开展情况

工作室是成员们学习、工作和成长的摇篮，工作室策划形式多样的学习和培训机会，提高学员业务水平，促进学员的快速成长。工作室每个月都正常开展主题活动，主要分为以下版块。

（一）以课题为抓手，提高生物教师专业素养

实验是学习生物学的基本方法，实验教学是初中生物学科教学的重要组成部分，在课程教学中具有重要的作用。新课程改革要求培养学生的实践能力和创新能力，这就决定了实验的地位和作用。教师在加强实验教学的同时，对实验不断进行改进与创新，是培养学生创新意识、创新思维、创新能力和创新精神的重要途径，也使实验更具科学性、有效性、趣味性、简便性及更容易获取本地生物素材的可操作性。

现在珠海市初中生物选用北京师范大学出版社教材，教材中要求开展的教学活动、建议活动、演示活动共计82个（七年级上册36个，七个级下册26个，八年级上册15个，八年级下册5个）。但实验教学的设计，并没有全面兼顾不同地区的环境状况、气候条件、学校办学条件、学生生活经验等因素的差别。教师在组织实验过程中，会遇到某些影响实验正常开展的制约因素，如地域生物个体差异、不同气

候、季节因素导致实验不能按课本进度开展，实验成本过高、实验材料在本地区难以获取而导致实验无法开展，或学生的技术能力较弱导致实验难以达到预期效果，或因实验方法不佳导致实验效果不明显，等等。各种因素在一定程度上影响或制约了师生的实验教学活动，师生积极性大打折扣。

根据实际教学中的难点和困惑，工作室选择课题"初中生物实验教学的改进实践研究"开展研究活动（此课题获得广东省生物"十三五"课题立项并已于2019年结题）。工作室成员在个人开展实验教学过程中，针对地域特点、本校软硬件条件、生源特点等情况，从实验材料、实验用具、实验方法和步骤、实验过程等方面进行思考并加以改进。各位成员完成至少2个改进案例的汇编工作（图2）。通过共同研究，取得初步成果。

（二）促进教师团队共同发展

课题团队成员分工合作，优势互补，资源共享，充分挖掘珠海本土的生物资源，创设适合本地区的实验改进方案（图3）。案例从最初稿，到全员讨论筛选，分组讨论到最后成稿，工作室共收集了40个案例。

图3　成员分组讨论实验教学案例的改进

课题团队将实验改进案例汇编分享给本地区生物教师，辐射带动更多一线教师重视实验教学，避免实验教学重复低效，提高实验开出率，从而最终达到实验高效的目的。

为了促进互联网背景下教学资源的共享，我们采用微课或微视频方式呈现实验改进的教学案例。在珠海市香洲区创建学习型智慧校园背景下，实现网络共享微课教学资源，给学生提供无处不在的学习体验，促进师生教与学方式的根本改变。

（三）以培训为载体，提升学员专业能力

加强学员业务培训，开展多次主题讲座。为进一步提高工作室辐射影响，工作室进行的主题培训向全区生物教师开放，让每一位珠海市香洲区的生物教师都能够获益。

培训类型一：邀请专家讲学

2016年10月，邀请广东省特级教师、珠海市教育研究中心的熊志权老师讲学（图4）。他向学员们介绍了教育论文、教育叙事、教育案例、教育调查报告的撰写方法和技巧，并倾情分享了他的成长经历与人生感悟："十年前，我只是一名普通的中学二级教师，但是十年的时间能够改变很多。多反思、多动笔就是带来改变的关键！"

一次本土专家带来的培训，收获的不仅仅是专业知识，更多的是名师成长的智慧和鼓舞。

图4　特级教师熊志权老师做主题讲座

培训类型二：邀请专业优秀的学员讲学

为推动生物教师专业发展和教学能力提升，顺应教学改革发展潮流，促进教师信息技术与学科教学整合，从而进一步提高教师教学与学生学习的效率，工作室分别邀请了四位工作室成员进行专题讲座（图5）。

珠海市第十一中学丁沛斌老师的《会声会影在微课制作中的应用》《如何搜索教学资源》讲座，主要内容包括制作微课如何设置片头、剪辑视频、剪辑音频、配音、插入文字、捕获画面和视频等，其中穿插现场提问与解答。

图5　成员参加信息技术与学科整合培训

珠海市湾仔中学鹿鸣老师的《微课制作技巧》《互联网教学资源的开发和利用》及九洲中学杨敏旭老师的《互联网在生物教学中应用》讲座，分别介绍四种微课软件包括PPT、Movie Maker、美拍大师、爱剪辑。整个培训内容浅显易懂，用案例来说明微课制作的方法及优缺点，给听者带来了全新的微课体验。

珠海市第七中学罗春愈老师的《这样制作课件，更有趣哦》讲座，从课件制作软件、Focusky动画演示、PPT模板下载、课件制作技巧四个方面对如何制作课件进行形象生动的讲解。整个培训内容以案例方式呈现教程，激发大家制作课件的灵感，让我们尝试接受新技术和新理念。

珠海市唐家中学梁志伟老师的《广东省实验操作与创新技能竞赛参赛经验》讲座，梁老师虽然不属于珠海市香洲区属学校教师，但他对工作的热情与专注、超强的创新思维能力让工作室"破格"吸纳他加入团队。作为一名经验丰富的优秀生物教师，他曾荣获广东省中学生物实验教师实验操作与创新技能竞赛一等奖。这次讲座，他从个人参赛经历、竞赛成果展示、案例分析几个方面进行解析，给我们工作室的专题研究带来新的思路。

珠海市第九中学呼小明老师根据工作实践，开展题为《微课题申报攻略及开展"一师一优课"经验分享》讲座；邱建萍老师针对命题，为老师们开展了《如何规范出生物试题》讲座。

培训类型三：从优秀书籍中获得新知和能量

工作室重视学员素养的自我提升。两年以来，为工作室的老师们购置了一批研修书籍，如《给教师的建议》《生物学与生活》《生物学实验教学疑难解答》和《英国中学主流教材——生物》。内容涉及教育理论、教学实践及学科专业等方面。积极组织并鼓励每位学员坚持阅读，并认真撰写读书心得。

（四）以公开课等为平台，提升教学能力

工作室成员主动承担公开课教学，充分做好备课、磨课、上课、议课、反思、总结、分享七个节点。李青老师的《反射弧》送教新世纪学校，罗春愈老师的《呼吸作用》送教容闳书院，张晓华、杨洋、李青老师尝试同课同构教学形式，邓莉、杨敏旭老师信息化技术课堂，朱琦老师与地方性课程资源整合的研学活动等课程，都给听课者很多的启发。

组织工作室成员积极参加省、市、区生物专业竞赛观摩活动，并积极备赛。比赛前，孙老师组织名师团队为队员们把脉，认真听课和磨课，给青年教师中肯的意见和建议。

在广东省首届中小学青年教师能力大赛、2016年珠海市生物实验教学技能大赛、珠海市中小学生物教师实验教学说课比赛及珠海市香洲区生物微视频比赛中，工作室的成员们积极参与，不断锤炼自己的技艺，屡次获得优异的成绩（图6）。

图6　课题组老师参加实验创新大赛

三、展开地方性课程资源实地考察，提高课程整合能力

为进一步探索地方性课程资源在生物学科中的有效应用，拓宽教师教学视野，我们前往斗门裕禾养殖有限公司参观麻黄鸡的孵化、养殖、饲料加工厂（图7）及横琴芒洲湿地公园、珠海绿手指有机农业基地、六乡水松林自然保护区。课程资源的开发和利用，是国家在课程标准中极力倡导和鼓励的。

图7　参观养鸡场

四、工作室成员获得的主要成绩

据统计，工作室成员在两年时间里，在一师一优课、课堂比赛、课题成果、论文发表、论文获奖、教学设计、学生竞赛、个人荣誉、公开课、讲座10项内容中共获得194项成果及荣誉，其中国家级15项，省级76项，市级60项。主要成绩有：

（1）优课评比：呼小明、邓莉、梁志伟、王红、杨敏旭、李青、易秦、张晓华、彭晓瑜、邱建萍、罗春愈11位老师获"一师一优课"部优课。

（2）青年教师专业能力赛：邱建萍老师获广东省中小学青年教师能力大赛一等奖。

（3）课题成果：朱琦老师"初中生物实验教学的改进实践研究"、邱建萍老师"基于核心素养的分组活动在初中生物课堂教学实践研究"获广东省教育学会生物专业委员会"十三五"立项并已结题。

（4）论文获奖：朱琦、罗春愈老师撰写的论文获广东省论文评比一等奖。

（5）教学设计：赖翠敏、邓莉、易秦、邱建萍老师教学设计获广东省一等奖。

成长的沃土

珠海市第八中学　贝丽妍

2016年7月—2018年8月，时光飞逝，转眼就在朱琦生物名师工作室学习了两年时间。这段时间里工作室主持人及伙伴们好学上进、乐于创新、勇于开拓的精神给予我很大的动力，让我感受到这是一片成长的沃土，这个温暖的集体给予我很多的欢乐、收获与成长。

一、以温情为切入点，融入团队

朱琦校长一直用"有温度的管理"理念策划每一次的工作室活动，让成员们充分感受到主持人的热诚和对工作高度负责的态度。在这个大家庭里，教师们通过对教学问题的研讨和交流，相互启发，相互促进，共同进步。

二、以课题为抓手，提高专业素养

两年来，大家围绕工作室的课题"初中生物实验教学的改进实践研究"开展活动，工作室的成员们在加强实验教学的同时，对实验不断进行改进与创新，使实验更具科学性、有效性、趣味性、简便性及更容易获取本地生物素材的可操作性。通过两年来对该课题的不断钻研，取得了可喜的成果，基本达到了以下目标。

1. 促进学生的发展

立足新课标，师生共同改进和优化实验设计方案，使实验设计方案满足师生开展实验活动的需要。同时，在共同研讨过程中培养学生的创新意识和创新能力。

2. 促进教师团队共同发展

课题团队成员分工合作，优势互补，资源共享。充分挖掘珠海市本土的生物资源，创设适合本地区的实验改进方案。将实验改进案例汇编分享给本地区生物教师，辐射带动更多一线教师重视实验教学，避免实验教学重复低效，提高实验开出率，从而最终达到实验高效的目的。

三、以读书活动为契机，带动自主研修

"问渠那得清如许？为有源头活水来。"读书研修是工作室学员素养自我提升的重要途径之一。成员们通过认真阅读各种专业书籍、积极撰写读书体会、努力尝试把先进理念应用于教学实践中。

　　在朱琦校长的引领下，工作室两年来开展了形式各样的教研活动，成员自主研修意识渐浓，很好地促进了教师专业可持续发展。工作室的活动大部分都是对全区甚至全市的生物教师开放，从而发挥了广泛的影响力和辐射带动作用。

研究的平台，成长的阶梯

珠海市第七中学　罗春愈

　　2016年9月，我很荣幸地作为一名学员加入珠海市香洲区朱琦中学生物名师工作室。两年时间，我感受到了成长是一个过程，是一份快乐。在主持人朱琦校长的带领下，工作室成员们好学上进、乐于创新、勇于开拓的精神带给我很大的动力，让我在生物教师岗位上坚定而笃实。与工作室优秀前辈们一起研讨、学习、交流，我受益匪浅，不仅开阔了视野，为我的个人发展提供了机会，提升了自身的教育能力，同时也看到了自身的不足，现总结如下。

一、名师引领，同伴互助

　　这两年，在工作室主持人朱琦校长的专业引领下，我们在工作室相聚交流、分享经验，外出学习、历练成长。她提醒我们在网络上看名师博客、微信公众号，听专家讲座、学习培训，督促我们进行理论学习，指导我们积极参与课堂教学比赛，反思总结，撰写论文、案例、课题等。总之，在朱琦校长的引领和工作室其他成员的陪伴帮助下，我在一点一滴的进步中收获颇丰。

（一）积极学习，充实自己

1. 向组内成员学习

　　工作室以主持人朱琦校长为首，汇聚了一批优秀的生物教师，他们各有所长。这是一个很好的交流、学习、研讨、提升的平台。朱琦校长定期开展集体交流，并以提升专业素养为突破口，定期组织成员开展工作室各级各类教育教学活动，带领我们进行研究学习，内化成自己的专业素养。每次工作室有活动，我都积极参加，观摩、交流、研讨，撰写学习心得并反思，认真聆听工作室成员进行的精彩讲座。例如，湾仔中学邱建萍老师所做的《分组活动在初中生物课堂的设计与应用》精彩讲座，唐家中学梁志伟老师《关于参加广东省科技创新大赛经验分享》专题讲座，九中呼小明老师的精彩讲座《微课题申报攻略及开展"一师一优课"经验分享》，湾仔中学鹿鸣老师和珠海市第十一中学丁沛斌老师所做的《关于微课制作》专题讲座等。又如，夏湾中学李青老师送教珠海新世纪学校的《反射是神经系统的基本方式》，文园中学邓莉老师的公开课《条件反射与非条件反射》，紫荆中学邓力强老师的公开课《人体免疫》。再如，观摩多样化的专业技能比赛，研讨交流课题案例等。工作室成员们的陪伴和帮助，让我在成长的道路上备感温暖、愉悦，使懵懂迷茫的小菜鸟在成长路上渐渐寻找到了自己的方向，在实验技能、微课制作、课堂教学、教育科研课题等方面有幸遇见朱琦校长，庆幸有工作室的指导和培养，使小菜鸟在组内成员们的培养和帮助下，受益匪浅，收获满满。

2. 向专家学习

为了帮助大家进步，朱琦校长还为我们创造了不少向专家取经、外出学习的机会。在此期间，我聆听了珠海市教育研究中心熊志权主任精彩的《关于论文写作和课题申请》专题讲座；观摩学习了工作室主持人朱琦校长的名师示范课《外来物种入侵》公开交流课；外出前往了斗门裕禾养殖有限公司参观麻黄鸡的孵化、养殖、饲料加工厂和华发湿地公园……这些学习交流活动，使我们拓宽了视野、开阔了胸怀、增长了见识。

总之，在朱琦校长带领下，工作室积极创造条件，为成员提供了广阔的展示与交流的舞台，让每个成员能走出去，也能请进来，成员与学员互相交流、取长补短、共同进步，在公开课、讲座、培训等各种活动中充实和提升自己的专业发展水平。

（二）自主研修，提升素养

朱琦校长指导工作室每位教师每学期精读一本与教育有关的专著或书籍，并撰写读书心得，定期开展读书交流活动。我充分利用这一研修平台，广泛阅读各级各类的教育专著，坚持阅读与专业发展相关的书籍，自觉阅读工作室博客、公众号里的经验荟萃、读书修身、专家在线栏目，汲取他们先进的教育经验和管理理念，学习各种先进理论，并用以指导自己的行动，反思自己的不足。近两年来我已经先后阅读了由朱琦校长推荐，工作室购买的《生物学实验教学疑难解答》《科学教材译丛——生物》等书籍，认真做好读书笔记，撰写教学案例、教育论文等。同时借助信息技术，借鉴、学习一些优秀教师的公开课、示范课，提高自身的教育教研水平。感恩朱琦校长，搭建了一个这么好的工作室交流平台，无时无刻、竭尽所能地为工作室成员们创设美好的学习环境，让大家携手共进，自主研修，一起快乐提升自身的专业素养。

二、实践磨砺，完善自我

"苔花如米小，也学牡丹开。"加入工作室后，既有压力又有动力，我激励自己不断充电，用心求索，积极实践，潜心教研，努力成长。在这两年里，朱琦校长给予了成长发展的舞台，提供了展示与学习交流的平台，如听课评课、研讨比赛、讲座培训等形式多样的活动，使我在实践中进步，在学习中成长，在沉淀中提升，主要有如下收获。

（一）用心求索，积极实践

获教育部2015—2016年度"一师一优课、一课一名师"活动部优课；微课《探究不同食物储存能量的差异》获第二十一届全国教育教学信息化大奖赛三等奖；获2017年广东省计算机教育软件评审活动基础教育微课一等奖；微课《探究种子萌发的外部条件》获2017年广东省计算机教育软件评审活动基础教育微课二等奖；课例《尿的形成与排出》获2017年广东省计算机教育软件评审活动基础教育组课例二等奖；教学设计《尿的形成与排出》获广东省中学生物教学设计（2017年）评选二等奖；教学设计《蒸腾作用》获广东省中学生物教学设计（2018年）评选二等奖；《呼吸作用》获2016年广东省计算机教育软件评审活动基础教育组"爱自然·爱科学"创新实验视频二等奖；微课《观察肾脏》获2016年广东省计算机教育软件评审活动基础教育微课优秀奖；获珠海市2016年中学生物教师实验教学能力大赛一等奖；

获珠海市中小学青年教师教学能力大赛二等奖；获香洲区2016年第四届初中生物教师微课比赛暨生物实验微视频展示活动一等奖；2017年珠海市教育研究中心举办的珠海市"同课同构"跨学科组合主题研究活动中为全市教师上了一节公开课；承担2018年香洲区中学生物学科"同课异构，高效课堂"系列活动一节公开课。

（二）潜心教研，努力成长

在香洲区朱琦中学生物名师工作室举办的交流活动中做专题讲座《生物课件的制作》；应邀为2016—2017学年度高新区学科教学研讨活动中做专题讲座《课件制作之锦囊妙计》；应邀为香洲区生物、化学信息技术培训做专题讲座《巧用信息技术，辅助课堂教学》。

（三）努力科研，争创成果

课题"基于生物学科核心素养的学生活动设计与应用研究"成功立项香洲区一般课题；参与工作室主持人朱琦校长主持的广东省中学生物教学研究"十三五"规划课题"初中生物实验教学的改进实践研究"课题研究；参与广东省中学生物教学研究"十三五"规划课题"基于核心素养的分组活动在初中生物课堂教学的实践研究"课题研究并成为核心成员；论文《例谈初中生物生活化教学与多学科的交叉融合》发表于国家学术期刊、全国中文核心期刊《中学生物教学》2018年上半月刊第1/2合期；论文《浅谈"尿的形成与排出"教学优化策略》获2017年全国中南六省（区）中学生物教学研讨会优秀论文评比二等奖、获广东省中学生物教学论文（2017年）评选一等奖；论文《构建学生活动，培养学科核心素养》获广东省中学生物教学论文（2018年）评选一等奖；论文《运用微课教学 走进生命世界》获广东省中学生物教学论文（2016年）评选二等奖；论文《例谈初中生物生活化教学跨学科的交叉融合》获珠海市2017年度优秀教育教学论文评选一等奖。

（四）积极指导，开展研究

指导学生参加第三十二届珠海市青少年科技创新大赛荣获科技论文类一等奖；2017年被评为珠海市优秀科技辅导员；指导学生参加第三十二届广东省青少年科技创新大赛荣获科技创新成果竞赛项目三等奖；指导学生参加香洲区第三届中学生交通安全知识竞赛，被评为优秀指导教师；完成华南师范大学2016级硕士研究生实习生和2017级本科实习生的实习指导工作。

三、反思回顾，促进成长

有机会加入名师工作室是我的荣幸，感谢名师工作室为我的教学注入了新的活力。工作室不仅带给我欢乐、温暖与收获，也坚定了我在教育教学岗位上迈好坚实步伐的信心。回想两年来的工作和学习，收获满满，也有不足。我感觉自己最大的不足就是常常忙于日常的教育教学工作，忙于应付各种各样的任务，缺少对教学理论专著的系统学习，缺少对自己教育教学的深刻反思，即使有了一些想法，也因为陷在琐碎的事务中而不能细致深入地研究下去，特别是对论文、科研课题模块的研究较为薄弱。为此，下一阶段我给自己定下以下目标：要及时积累，丰富自身底蕴；要勇于实践，提高专业技能；要及时总结，加强反思能力；要积极实验，培养科学素养；要潜心科研，发展科学思维。

总之，参加朱琦中学生物名师工作室研修，澎湃的是激情，涌动的是理想，激起的是热情，付出的是真心，收获的是智慧。感谢朱琦名师工作室，让我能在这个优秀的团队中认真学习，积极反思，努力探索，不断完善自己。回首这两年来走过的路，我们坚守着发展的梦想，分享着彼此的激情，感受着专业的力量，一起陪伴互助，在研究中发展，在发展中创新，在创新中收获。两年的学习使我感悟到：投入了，肯定有收获；经历了，就会有经验；用心了，自然会快乐！学无止境，对教育的憧憬让人备感美好，我将在专业成长之路上继续以智慧引航，寻教育的幸福梦！

前路仍远，唯有不断努力。

且行且珍惜

珠海市湾仔中学　邱建萍

弹指一挥间，两年的时光说长不长、说短不短。我感到非常地荣幸，能够连续两届参加朱琦校长作为主持人组织的中学生物名师工作室。

工作室，这个词，看似简单，仿佛只有几个人一起工作，但通过这两年活动的开展，我觉得工作室体现更多的是团队的合作与沟通，以及每个成员肩上的责任与辛勤的付出。

生物学是一门以实验为基础的自然科学，在北师大版的七、八年级生物教材中将实验内容一般分为演示实验、活动和建议活动三种类型，它们是生物教学不可缺少的重要组成部分，是全面提高教学质量的关键环节，是培养学生探究能力的主要途径。这几年，我自己也一直在本校开展生物分组活动的课题研究，生物实验更是我投入最多的一部分。在这个课题研究过程中，我遇到了许多困惑、难题。例如，

邱建萍老师

有些实验材料受地域的影响难以获得，有些实验过程烦琐复杂，有些实验装置在实验室无法获得，等等。面对这些困难，作为一名生物教师，我该选择放弃，还是该选择继续？

2016年9月，朱琦校长毅然地继续开展了第二届生物工作室活动，这次的主题主要围绕实验改进展开，分别是从实验材料、实验装置、实验方法三方面作为实验改进的主线。刚开始听到这个课题时，我的内心是欣喜若狂的，因为我仿佛看到了曙光、盼到了希望，因为它为我该放弃或继续的问题给出了明确的答案——继续！

在这条实验改进的道路上，我并不是一个人在孤军奋战，我们是在朱琦老师的带领下，分成四个小组，由组长牵头、召集和收集组员的想法、修改意见和成果。在生物实验改进的道路上，我遇到了工作室里的每一个成员，他们都是来自珠海市香洲区不同学校的最优秀的生物教师，他们都抱有满腔的热血、积累了深厚的课堂教学经验、心中都有清晰的实验改进思路。

我们的时间是有限的，平日我们要奋斗在自己学校的教学一线中，课余我们要思考、实践自己负责的实验改进项目，在每个月的区教研活动时间，我们碰头、聚集，商量工作室的各种事项，充分发挥成员们的优点，如统一制作微课片头、片尾，统一对实验文档进行排版，召集组长们对完成的实验成果进

行点评、提出意见，最后修改、定稿等。如果不热爱，我们又如何能让自己心甘情愿地花费如此多的时间？如果不热爱，我们又怎么会如此珍惜这些来之不易的改进成果？如果不热爱，我们又怎么能对自己付出的一切感到无比的骄傲？

这两年的辛勤付出，换来的是在生物课堂实验教学上的得心应手。这是一件非常值得去尝试、去付出的事情！哪怕是在实验改进的路上，我们彷徨过、纠结过、失败过。最终，我们收获的不仅仅是一份实验改进方案，我们收获更多的是一份友谊。感谢在我的工作生涯中，遇到如此多的良师益友，我会且行且珍惜，并继续努力前行。

转变与成长

珠海市唐家中学　梁志伟

作为一位跨区的生物老师，很荣幸能在途中加入朱琦名师工作室下的初中生物实验改进课题组中。这个课题组就像一个大家庭，不但对课题进行了深入的研究，而且这里的每个人都毫不吝啬地传授经验，学习、交流和研究让我受益良多。

梁志伟老师

一、提高了课题研究的业务水平

本人虽然关注过实验教学和实验课的改进，但没有将其系统化，也没有将其整理，更好地推广和应用。参加到本课题组后，发现课题研究过程是一个系统的过程，需要一步一步有计划地开展，更需要有很好的分工与合作。另外就是成果的收集、整理与呈现的方式。除了论文之外，其实还有微课、案例集等多种形式。最关键的是研究后的成果可推广和应用于教学中。

二、学习了多种技能

在本课题组中，无论是教学经验丰富的朱琦校长、认真敬业的张筱蔼老师、富有激情的杨敏旭老师，还是年轻的丁沛斌和罗春愈老师……都身怀绝技，并且毫不吝啬地传授给我们。这对我的教学水平、课件的制作，甚至微课制作都有了极大的促进。过去总是局限在高新区一个小范围内，现在我发现自己与香洲区的距离实在太大，需要学习的路还十分漫长。

三、充满活力的状态

发现课题组的成员无论是在课题研究，学校的教学活动，还是生活中都是充满激情与活力的。这点也是我自愧不如的，过去的我总是喜欢抱怨。但参加了课题组后，发现其实心态很重要。交流的方式不一样，效果会相差甚远。

十分感谢朱琦校长和全体课题组成员，是你们给了我前进的动力！

我成长，我快乐

珠海市文园中学　邓莉

邓莉老师

2016年最幸运的事莫过于我加入朱琦老师的中学生物名师工作室，整个学习过程中，无数次从内心深处感恩遇到一位真诚待人、睿智谦虚、以身作则的名师。工作室的平台也让我认识并走近这么多热情智慧的老师们，他们对于教学的热衷让我感动，对教学永不停步的勤勉钻研让我敬佩。在这里，我们共享智慧、交流所长，让我倍感温暖和充实。盘点历次的学习经历，有观念的洗礼，有理论的提高，有教育信息化的认知，有课堂教学技艺的更新，总的概括起来有如下三个方面。

一、在读书中成长

读一本好书，就如同结交一位好友。爱上读书，就让我们站在了巨人的肩头。加入工作室之后，大家也互相推送好的书单，朱琦校长也精心为我们准备了自己签名的苏霍姆林斯基的《给教师的建议》一书。这本书我以前接触过但没有耐心读完，这次特别珍视，坚持读完，觉得这本书给自己的工作注入了很多新的能量。英国的 *Biology for You*（《生物》）一书，让我第一次看到国外初级教育中，生物的教学内容、编排，感受到学术无国界的同时，也扩大了自己的视野。而《生物学实验教学疑难解答》也给我打开了很多实验方面的思路，拓展了对于实验理解的广度和深度。毫无疑问，这些书都更新了我的观念，增加了我的专业和教育的底蕴，指导着实际的工作。

二、在交流中获新

名师工作室，活动丰富多彩。有同行交流的公开课展示、有教育信息化技术的培训、有实验教学技能的提升培训、有课堂实验开展的经验分享、有生物命题的方向指导、有野外生物的识别拓展、有碰撞思想火花的小组交流会议。每一次活动都给我新的启发，给予教学工作新的活力。至今，我的文件夹里还保留着工作室老师们的分享成果。《模拟"血型鉴定"》微课视频制作，我正是根据沛斌老师的会声会影指导资料一步一步去学习软件使用和视频制作的。所以，我非常感恩在工作室遇见这么多乐于分享、不吝指导的同行家人们。

三、在锻炼中提高

参加工作室以来，很多时候我都是作为一个汲取者而存在。在工作室安排公开课交流活动时，我也承担了《非条件反射与条件反射》的授课任务。因为是面向工作室精英的交流课，也是我最重视的公开课之一。备课时，我反复磨课，向同事请教，力求能够把握教材到位，拓展恰如其分。课后交流环节中，我认真记录着工作室老师对于课堂环节处理细节的指导，汲取着每一位智者的智慧。

这一期名师工作室也接近尾声，除了不舍以外，更多的是感恩。感恩在这里沉淀的满满力量，让我能够以开放、充实的心态面对今后的教学和教育工作。我也会带着工作室的真诚、分享和与时俱进的精神投入工作中，不断反思自己，不断迈步前行。

学习·收获·成长·反思

珠海市夏湾中学　李青

李青老师

时光飞逝，加入朱琦中学生物名师工作室已有两年了。我非常荣幸参加了第二届中学生物名师工作室，回顾在工作室的日子里，感受到了集体的欢乐和关爱，工作室主持人朱琦校长不仅知识储备雄厚，而且平易近人，在这里让我感受到一种大家庭的温暖。在这个团队当中，工作室的名师和学员都富有孜孜以求、勤于实践、勇于探究的精神，在小伙伴身上我学习到很多，收获很多，也成长很多，同时也看到自身的不足，下面从以下几点谈谈我的感受。

一、在聆听中学习

两年来，在朱琦校长的引领下，工作室积极组织开展了丰富多彩的教研活动，不断促进工作室学员的成长。工作室以"初中生物实验改进"课题为纽带，要求每一位学员都要持续深入参与课题研究，落实人员分工，收集、分析相关资料，制备文稿以及录制微视频等。在此期间，工作室定期开展理论学习与阶段成果小结，将自己遇到的问题和烦恼通过集体的力量来解决。在这里，除了课题研究以外，朱琦校长还组织了名师示范课活动、优秀教师分享参赛经验、课件及微课制作技巧、名师个人讲座、送教到薄弱学校、探讨会考复习策略、外出参观等活动，每一次活动都给我们提供了一个很好的学习机会。每一位名师都毫无保留地传授着他们宝贵的教学经验，不厌其烦地解答学员们的疑惑，我从他们身上看到了一名优秀教师该有的素养。我和工作室的其他学员一样，一起学习，一起研究，交流感想，共同提高，仔细聆听他人的想法，博采众长，促使自己成长。这些活动，让我找到了自己努力的方向，每一次聆听都给了我新的思想、新的启发，每一次聚会都让我感受到团队的智慧，让我真正体会到"独学而无友，则孤陋而寡闻"的含义，在这两年中我真的学习到很多。

二、在实践中提高

"纸上得来终觉浅，绝知此事要躬行。"学习到很多理论知识还不够，将工作室所学付诸教学实践才能更好地提升自己的专业能力。工作室这个平台为我提供了锻炼自己的机会，在这期间，朱琦校长引导我们学习名师的课堂，研究自己的课堂，展示自己的课堂。在工作室开展的教研活动中，我主动承担了送教到薄弱学校的活动，在新世纪学校执教《神经调节的基本方式》。在备课过程中，反复磨课，向同事请教，力争做到把握教材重难点，上出自己的特色来。最终，功夫不负有心人，这节课在工作室小伙伴的悉心指导下，获得了听课老师的一致好评，这节课在教育部举办的"2016—2017年度一师一优课，一课一名师"活动中，有幸获得了部优奖。两年时间里，我在外校上过全区的公开课，还在校内上过多次公开课。工作室的其他学员也都进行了上课、评课活动，尤其是朱琦校长亲自给我们展示她的名师示范课，在听课、评课、上课等教研活动中，受益匪浅，让我的教学设计以及课堂效果都有所提高。感谢工作室的每一位成员，在他们的帮助指导下，我成长了很多，工作室就是一个可以给我们展示自我、实现自我价值的平台。

三、在读书中成长

参加工作以来，我的时间被一点一点地填充，稍有闲暇时间就想娱乐放松，很少能够真正平心静气地读完一本书。书的益处自不必说，但是却和我渐行渐远，加入工作室之后，在朱琦校长的带领下，我们被迫重拾书本，读书又成了我生活的一部分。在这两年期间，朱琦校长为我们订购了《生物学实验教学疑难解答》、《给教师的建议》、英国中学教材 *Biology for You*（《生物》）等书籍，在不知不觉中，学习到了更多的理论知识和教学技巧，同时也让我明白在教师的专业成长路上阅读是必不可少的。书籍可以增加我们的底蕴，指导我们的行动，在工作之余，静心思考，我们都知道，给学生一滴水，自己要有一桶水的道理，所以我要学会做一个学习型的教师，超越自我，让自己工作更扎实、高效，让自己更快地成长为一名优秀教师。

四、在反思中提升

两年的学习中，我过得充实而快乐，在收获的同时也看到了自身的不足。例如，工作室布置的任务，我会比较拖拉，不能够及时完成，会找各种各样的借口来推脱，不能够高效完成任务。又如，我惰性较严重，今后应该加强学习意识，勤思考、常看书等。再如，我科研意识不够强，应该积极开展小课题研究，以科研研修促进提升。认清自己的不足，让我确立了自己今后努力的方向。今后的学习中要多反思，我距离工作室其他成员还有差距，应该尽快缩短这些距离，让自己尽快成为优秀教师。

工作室的活动为我的教学注入了新的活力，我要谨记学习经验、提升自我的初心，更加积极地参与到各种教研活动中，继续向前辈和同行请教学习，还要阅读更多的书籍，进一步提升理论水平。不断反思自己的课堂教学，撰写教育论文。践行高标准、严要求的精神，促使自己不断进步和提升。

做学习型的教师

珠海新世纪学校　索影

时光匆匆流逝，转眼间，进入这个积极向上的中学生物名师工作室团队已经有两年时间了，回顾自己在名师工作室的学习，让我感受到朱琦校长满满的工作激情，感受到工作室中各成员毫不保留地分享，是你们不断地激励我成长，让我收获良多。通过在工作室的学习，也让我看到了自身的不足，现将我的点滴感受总结如下。

索影老师

一、感恩朱琦校长，催我奋进

十年前我认识了朱琦校长，那时我大学刚刚毕业，来到珠海新世纪学校任教中学生物，虽然大学里进行了专业课和教学理论等内容的系统学习，但是真正走到工作岗位上，还是觉得没那么得心应手，当时朱琦校长领导第一届中学生物名师工作室，每每去参加市区教研活动，名师工作室组织的活动都让我收获很多。当时我就想，我要是能加入生物名师工作室该有多好。

当朱琦校长邀请我参加第二届中学生物名师工作室时，我激动得不得了。进入工作室学习，这个团队让我体会到学习的快乐。在这里，朱琦校长用智慧启迪每个成员的智慧，用激情点燃我们的激情，用自己的人格魅力感染着我们每一个人。每次的集体教研，无论是听课、评课、听讲座、讨论交流，还是外出实践学习，朱琦校长作为一个热情洋溢的主持人，让我们的教研氛围非常的积极热烈，这种积极热烈的教研氛围给予我积极向上的力量，让我感受到在这个集体中的幸福。感恩朱琦校长，给予我这样一个平台，让我不断提升、不断成长。

二、教研学习，收获满满

在工作室的学习中，每次学习内容丰富，既有名师示范公开课，学员的研讨课，名师的讲座，还有外出的实践学习，让我们既感受到生物课的魅力，又感受到大自然的神奇。回首学习过程，无论是观念、理论、知识还是教学技能都得到增长，每一次活动都让我历经一次洗礼，每一次活动都给了我新的思想、新的启发。我喜欢参加工作室的活动，这里温馨、团结，在这样一个团队中能时时感受到热切的学习氛围，因为值得学习的对象就在身边。工作室成员各有特色，每一次活动、每一次探讨，总能感受到伙伴们智慧闪耀的思维火花，分享学习成果让我视野开阔，思想升华，收获满满。

三、学会反思，提升自我

在工作室的教研中，我真心感觉到自身的不足，最初只能用简单的PPT进行纸上谈兵式的教学，没有好的教学资源来辅助，缺乏实用性的图片和视频，只是简单枯燥地教学，教学效果不理想。通过在工作室的学习，收获了很多辅助教学的资源，为我的教学增添了色彩。生物科学是一门实验科学，需要有实验的加入，才能真正做到实践出真知，由于实验条件的限制，很多实验我都没有开展。通过了解，我慢慢发现，并不是所有的学校实验器材都是完备的，但是他们却能克服困难，没有实验材料自己来买，没有实验器材就用替代品，寻找身边一切可以辅助教学的资源，他们一切为了学生更好学习生物知识的精神深深打动了我。正是由于他们认真学习、认真教学的态度，让他们在香洲区乃至珠海市的生物教师中都有知名度，他们是真正的名师。这些名师，不仅教学基本功扎实，专业知识牢固，而且还在不断学习，不断提升。

我虽为生物名师工作室成员，却深知自己有很多不足。我真的很想说，感谢朱琦校长，给我学习的机会和平台，感谢生物名师工作室，伴我成长。我要不断扎实教学基本功和专业知识，在教学中不断反思，在反思中不断成长，做学习型的教师，紧跟大家成长的步伐。

坚守初心，力求创新，砥砺前行

珠海市夏湾中学　杨洋

2012年刚入职时，因为时间原因，我错过了加入第一届朱琦中学生物名师工作室的机会。后来承蒙朱琦校长抬爱，在2014年有幸上了一节区级的公开课，从中受益颇多。在2016年新一届名师工作室成立之初，我就十分期待并且积极报了名。经过选拔，得偿所愿，我顺利成为了工作室的一员。两年来与名师、骨干、新秀为伍，浸润在对生物教学孜孜以求，对美好生活积极向往的氛围中，耳濡目染，收获良多。

杨洋老师

一、扎根课堂，创新求变

课堂永远是教学的主阵地。在这两年的时间里，以下5位教师的公开课给予我很多启发。李青老师送教新世纪学校，她利用注射器套装、淀粉和碘液，直观地演示了反射弧的结构和神经传递的过程，将原本晦涩抽象的知识形象化，很好地解决了教学难点；邓莉老师利用一个黑盒子，让学生亲手摸一摸、猜一猜里面是什么东西，成功地吸引了学生的注意力，成功引入《反射》这节课；罗春愈老师设置拯救矽肺患者，"大爱清尘"公益活动招募志愿者的情境，引领学生动手制作胸廓模型，模拟呼吸运动的过程；朱琦老师拓展课本内容，带领学生去探究入侵珠海的外来物种红火蚁、水葫芦，去检验检疫局参观，了解生物物种安全的相关知识；邓力强老师指导学生创造人体免疫的三道防线的课本剧，科学性强，活泼有趣。他们都在突破教学重难点上下足了功夫，同时能够贴合学生的生活实际、联系珠海市本地资源，不断追求着更前沿、更丰富的改变，为教学注入新的活力。

生物是一门注重实验的学科。初中生物，涉及教师的演示实验、学生的分组实验和课外活动更是名目繁多。但由于课时量有限，会考任务繁重，很多实验都没办法进行。学生的探究能力、合作能力、语言表达能力的提高都会因此受限。于是在朱琦校长的号召下，这两年工作室主攻的课题就是实验创新。将烦琐的实验过程简易化，将难获取的实验材料用本土易得的材料替换。对于实验不是特别精通的我，也开始和小组的伙伴们一起查文献、动手实践、交流碰撞心得。这就像是回到了做论文毕业设计的时光，大家有一个共同的目标，一起为之努力。最终我们确定了实验内容：用葱花动态演示植物细胞的吸水和失水；用矿泉水瓶替代玻璃装置检验光合作用产生氧气；用音乐贺卡的机芯模拟反射弧的信号传导；用鸡蛋壳代替透析膜做透过实验……

二、常怀包容心，接纳新事物

在自媒体越来越普遍的现代社会，传统的教学手段已经远远不能满足学生对知识的渴求。工作室的三位技术达人：丁沛斌、鹿鸣和罗春愈老师根据自己积累的丰富经验，为我们带来了三场干货满满的讲座。丁沛斌老师更是扮演起计算机老师的角色，手把手教我们怎么样使用Corel Video Studio。亲自实践后，我对制作微课的流程已经了然于心。鹿鸣老师向我们介绍了几款关于生物的手机App。像形色、土豆生物、美拍大师等不仅对我们提高生物教学的业务水平很有帮助，也为我们的生活增添了几分乐趣。罗春愈老师向我们讲解和演示了focusky、斧子演示等多种更动感、更丰富的演示软件。他们无私分享了自己对这些新兴事物的使用方法和心得，为我们今后的生物教学助力匪浅。

三、突破自我，不给自己设限

工作6年，我已经开始有点职业倦怠了，像是温水中的青蛙，曾经有过期待，有过沮丧，有过迷惘。而工作室的很多前辈和新秀们用他们的实际行动告诉我：工作这条道路上，永远没有终点。你要做的就是不断刷新自己所认为的能力极限，那种成就感是无与伦比的。为此，朱琦校长特意安排了参赛经验分享会，让参加过各类比赛的教师们传授他们的心得和经验，甘做臂膀，辅助我们走得更快更顺。呼小明老师认为在微课题申请方面，我们需要找准一个点，把它研究透彻；梁志伟老师向我们讲解了广东省实验创新比赛的注意事项；邱建萍老师分享了她参加广东省青年教师比赛的全部流程，重点讲解了如何命题。命题对于我来说，是个很陌生的环节。邱老师深入浅出，提醒在出题时需要联系时下热点，在生活中找到和课本知识相衔接的部分，版面设计的小细节也需要多留意。以上这些优秀的教师们，教龄都比我长，可他们从来都没有停止进取的脚步。他们依旧脚踏实地，不忘初心。相比之下，我更应该正视自己的不足，努力去扩充自己的眼界，静下心来，利用各种比赛来磨砺自己。

四、寓教于乐，工作生活两不误

在朱琦校长的安排下，我生平第一次参观了麻黄鸡养殖场。第一次看见先进的孵蛋机器，看见工人给刚出生的小鸡打疫苗，区分小鸡的公母。我很兴奋，也了解到了小鸡的一生，这些宝贵的照片和视频用在今后的课堂上，对学生而言也是很新鲜和受用的。优美寂静的横琴湿地公园，也留下了我们的身影。

名师工作室的工作即将划上终点。庆幸遇见你们，感谢朱琦校长把我们聚集在一起。一路走来，有这么多战友共同奋战在初中生物教学第一线，有这么多伙伴一起摸索、交流实验心得，更有这么一群知心的朋友在一起畅谈所见所闻。身心共同进步，希望我们前进的步伐依旧踏实而坚定！

快乐并收获着

珠海市第九中学　呼小明

时间太窄，指缝太宽，转眼间，我参加第二届朱琦中学生物名师工作室已经两年，能够成为朱琦名师工作室中的一员，倍感幸福。

进入工作室学习，让我体会到学习的快乐。在这个大家庭中，有大家心目中的女神，也是我们的导师——朱琦校长。她用激情点燃我们的激情，用自己的人格魅力感染着我们团队中的每一个人。所以，我们工作室每一次的活动都洋溢着温暖，注满着温馨，充满着温情！每次集体教研，无论是听课、评课、还是研讨交流，朱校长作为工作室的主持人，领航者，都能将我们教研的氛围引领到积极热烈的状态！每次工作室活动，朱校长那份对工作的热爱与执着，在不知不觉中感染着我们每一个人，给我们在生物教学中提出一些建议，指明了前进的方向，工作室的每一次活动和氛围赐予了我积极向上的力量，让我感受到了集体智慧的快乐和幸福。

呼小明老师

在这里，还有许多一起成长的小伙伴——永远充满激情的小艾前辈、对教学始终严谨执着的贝贝姐、永远充满了能量和idea的小邱、掌握大数据精通互联网+的小春愈和沛斌、对实验总是充满创意的志伟、幽默风趣的敏旭帅哥……每个小伙伴都那么的优秀，他们大多是各个学校的业务精英和骨干，在这样的大家庭中，也许你会觉得压力山大，而我告诉你，我感受更多的是满满的幸福和快乐。在这里，我们一起学习研究，交流感想，共同提高；在这里，我们各抒己见，仔细聆听他人的想法，博采众长，积累丰厚智慧，激发教学灵感。

记得朱校长在给每位学员的学习书目中送给我们一句话"在最美好的岁月遇见最美好的你"，感恩这美好的遇见，感恩美美的朱校长。这种遇见仿佛是春风十里就等你，从导师和小伙伴身上，我学到了很多，感受到很多。他们对于生物教学发自心底的热爱让我感动，对于生物教学的永不停步的钻研探讨让我敬佩，彼此之间共享智慧，交流所长的真诚让我倍感温暖，大家在生物专业的成长的道路上，风雨同舟，相扶相帮。感恩这美好而又快乐的遇见。

在我们教师专业化成长的路上，所有的经历都是美好的遇见。不管是我们听了一节课例，还是学到了一项技能，抑或是一段触及心灵的文字……参加工作室，既是观念上的洗礼，也是理论上的提高，既有知识上的积淀，也有教学技艺上的增长。在工作室导师和成员的指导和影响下，一路探索，洒下辛苦和汗水的同时，收获的是心灵的愉悦，是溢满心田的那份快乐幸福和感动。

回顾两年来在工作室的点点滴滴，内心的不舍、感动、感恩之情难以言表，静下心来细细反思，心中有一个词，反复出现，感谢；心中有一句话，涌上心头，感谢……千言万语，万语千言，道不尽工作室学习的点点滴滴，讲不完和导师及同伴相处的分分秒秒。年轻的我，唯有不忘初心，继续前行。

感恩·学习·成长

珠海市紫荆中学　邹小梅

自2016年9月加入朱琦中学生物名师工作室已有近两年的时间了，时光一闪即逝，在我还没来得及整理的时候，道别声却已响起。

两年前，带着梦想，带着期盼，也带着些许的紧张，我加入了朱琦中学生物名师工作室。在这里，我认识了很多年轻的，有着丰富教学经验的生物老师，虽然我们只是工作室的成员，但我们更像是兄弟姐妹。在这里，我看到了他们对待生物教学那颗执着的心，看到了大家不断交流探索，日日夜夜的付出，看到了朱琦校长永不放弃追求的脚步。我看着，敬佩着，感动着，学习着。

邹小梅老师

我真的很感谢这个平台，感谢朱琦校长，把这么多热爱生物教学的人会聚在一起。每每看到群里大家针对某一个问题讨论得热火朝天的时候，我都有一种莫名的感动。这是一种发自内心的对生物教学的热爱，让我们忘记了时间，忘记了一切，只为沉浸在生物教学带给我们的快乐享受中。

回想自己过去的两年，有收获也有遗憾。因为走上工作岗位不久，空有理论知识而没有实践经验，朱琦校长给我们提供了很多学习的机会。工作室的活动丰富多彩，从初次在珠海十中会议室相互学习到丁沛斌老师和鹿鸣老师微课制作、梁志伟老师广东省科技创新大赛经验分享，再到李青老师、邓莉老师交流课的提升观摩，以及工作室参观养鸡场、湿地公园活动，每一次的活动都清晰地浮现在我的眼前，每一节精彩的课都让我觉得是观看了一场盛宴，让我在观摩其他优秀教师教学的同时，学习并深深反思。这样的活动让我看到自身的不足与名师之间的巨大差距，感慨良多，在今后的日子里只能加倍努力，不断前行。

这两年，工作室的兄弟姐妹们传来了很多喜讯，在祝贺他们的同时我也反思自己，过去的两年里并没有取得什么成绩，希望新的学期可以有所突破。为此，我给自己制订了几个小目标：

第一，多参加研修活动。一次次精彩的讲座，一节节妙趣横生的课堂，让我开阔视野，充实自己。每一次的活动都让我的心灵得到一次洗礼，学到很多优秀教师教学的方法和新的理念。在新的学年，我要积极参加活动，不断更新教学方法，总结经验，缩短差距。

　　第二，多学习和沟通。我认识到在知识信息渠道畅通的条件下，生物教师不能仅局限于传授知识，更要教授学生学习方法及培养学生良好品质。多读书，读好书，勤于学习。因为要给学生一杯水，老师要有一桶水。身为老师，我们永远都不能停下学习的脚步，否则我们就是在拿昨天的知识，教今天的孩子，适应明天的生活。非常感谢工作室的兄弟姐妹们对我的帮助，鼓励我，激励我勇敢前行。我也会多渠道地学习，主动与优秀教师们交流，吸取他人经验，强大自己。总之，经过两年的再学习，我对生物课程有了更新的理解与认识，受益匪浅！更使我感动的是，朱琦校长身上热情开朗的性格，严谨踏实的学术风格和积极乐观的生活态度。在今后的教学中，我会更加努力，以饱满的热情和对待生物教学虔诚的心面对生活，在锻炼中提高，在观摩中进步。

智慧的碰撞

珠海市九洲中学　杨敏旭

在珠海市香洲区朱琦中学生物名师工作室主持人朱琦老师的带领下，每位成员都有不少收获。下面我来谈谈自己的心得体会。

一、学习理论书籍，提升素养

加入工作室后，在主持人和同伴的督促和影响下，我认真阅读了工作室给我们提供的理论书籍，并尝试将理念贯穿到我的备课、上课和反思中，提升了自身的教育教学专业素养，也认真学习了同行的优秀教学设计、先进教学理念，并不断进行自我反思。

二、聆听名师讲学

本学期我有幸聆听了朱琦老师等多位名师的讲座，学习了多位名师工作室成员的公开课。他们的专业知识，他们的教学经验，以及个人魅力，都是值得我去学习的。他们的讲座给我们指引了科研之路，

杨敏旭老师

以及如何寻找教什么和怎么教的策略。我意识到作为一名生物老师，要勤于学习，勇于实践，善于反思。

三、交流分享同伴智慧

工作室的成员均来自不同学校的骨干教师，我们在主持人朱琦老师的引领下，共同学习，共同进步。在这样的集体氛围中，大家积极交流，努力学习，认真完成工作室的实验创新任务。这些活动，给我提供了学习、提升的机会。

四、乐于求索，积极科研

在日常的教学中，我努力钻研教材，分析教材的重点、难点，认真备好每一堂课。在备教材的同时，还要备学生，了解学生在每堂课的基础、能力，选择合适的教法。在课堂上，我尝试运用先进的教学理念开展教学，重视调动每位学生的学习积极性，体现学生的主体地位。注重对学生的引导，而不是

单纯教授知识。引导学生学习方法，并注重培养学生创新精神和实践能力。除了做好自己的常规工作以外，我还积极参加学校及工作室的研讨工作。

五、对工作的反思

在名师工作室，我觉得自己在教学上有了明显进步，但是也存在着不足。在科研方面，我努力的程度还远远不够，我将会在今后的工作中，努力使自己在教学、科研上，都取得更大的进步，无愧于名师工作室成员的称号。

成长与提升

珠海市紫荆中学　邓力强

2017年，我有幸加入了朱琦中学生物名师工作室。在这一年多的时间里，个人感觉收获良多，既有观念上的洗礼，也有理论上的提高；既有知识上的沉淀，也有教学技艺上的增长。回想学习的过程，从心底里感谢朱琦校长及工作室各成员的支持与帮助。现特将在工作室学习的心得体会总结如下。

邓力强老师

一、在实验教学中成长

一年多来，为了达成共同目标，我们研究改进实验，并制作实验教学视频，让我对信息化技术与课堂教学有了更深层次的理解。我承担了两个任务：验证绿叶在光下合成淀粉、观察小鱼尾鳍血液的流动。我先对这两个实验进行改进，然后录制实验视频，添加字幕、声音、片头片尾，还学会了使用会声会影软件，自己感觉得到了多方面的提高。

二、在教学锻炼中提高

2018年，我承接了一个重要任务：上一节香洲区的同课异构。这是一个巨大的挑战，我将要与拱北中学的王醉銮老师同台竞技：《人体免疫》这一节的内容。从课堂策划、准备材料、设计角色扮演台词、录制实验内容、找学生排练角色扮演，课堂试讲，到最后整个课堂的完整流畅呈现，这一个半月时间花费了我太多太多的心血。与此同时，我的课堂教学能力也得到了一个质的提升，我的课堂教学也得到了众多老师的好评。

三、在聆听中进步

工作室期间，我听了罗春愈等多名老师的讲课，对比自己的教学，自感收获良多。取长补短，他们的很多教学方法值得我学习。

四、在实践中感悟

　　工作室期间，我们参加了多项实践活动：参观绿手指生态基地、水松林等，对生物保护、环保生态等方面有了更深的感悟。

在课题研究中成长

珠海市第十一中学　易秦

作为一名才参加工作四年的年轻老师，很荣幸可以参与本次省课题，这也是我教师生涯中的第一个省课题。在课题组里，有非常多有经验的老师，向他们学习，简直让我的教学坐上了高速列车，也让我在教学中摸索到了方向。聆听课题组中老师们精彩的公开课，我觉得眼前一亮，也学到了很多生物实验改进的方式和方法。

易秦老师

一分耕耘，一分收获，我相信付出与回报是成正比的。

一、课题研究更新教学理念

由于课题研究注重实验教学，也注重实验教学的创新与改进，这加深了我对教学的感悟与体验，自己的经验得以丰富，课堂实验教学模式得到修正，教学的理念也不断更新与优化。例如，原来的实验教学中，注重教师进行演示实验，遵照教科书，现在更注重易于被学生理解和接受；原来的听课注重课堂教学活动与教学表现，现在知道要将教学活动与教学情境及教学内容结合起来，使学生成为主体，提倡学生的参与度，锻炼学生的动手能力。

二、课题研究规范实验教学

自从参加课题研究之后，伴随着理论的学习及研究的深入，上课过程中我不断地规范自己的教学模式。在实验教学中，我运用课题组提出的改进方式，大大提高了课堂中实验教学的效率和丰富度。

三、课题研究促进教学反思提高

课题研究的整个过程，每进行一个步骤都需要自觉主动地反思自己的教学。只有对自己的教学实践认真地反思、审视，才能发现解决课题的方法。通过回顾、诊断自己的行为，或肯定、强化，或否定、修正。反思由被迫到自觉再到成为习惯。通过反思修正了自己研究的方向与策略，调整了自己的教学。

在本课题组中，我不仅学习到了很多先进的理论知识，同时也拨开了在实验教学中的迷雾，我觉得作为一名一线教师能够在教育教学上积极参与课题的研究，开展教科研的实践，是教师自我发展、自我提高的重要渠道，更是教师专业化发展的必由之路。

对课题研究的思考

珠海市第十一中学 张筱蔼

本人很高兴可以参与本次初中生物实验改进课题组，也很高兴可以和朱琦中学生物名师工作室里的各位优秀的教师们一起交流，一起讨论，开拓视野。较年长的教师们带来经验，年轻教师带来新鲜的想法，两者碰撞出美妙的火花，让我在自己的教学中加入了更多丰富的内容，促使我不断跟上时代，与时俱进。

张筱蔼老师

一、关于课题开展

作为从事一线教学的老师，对于教学的研究我从未懈怠。然而我参加课题研究经验还是比较少的，对于课题怎么选题、课题研究怎么开展、要做哪些准备工作还是在不断探索中。借助现代多媒体手段，与同事进行交流，我明白了一个好的研究课题应该具有以下特点：问题必须有价值和科学的现实性、问题必须具体明确、问题要新颖且具有独创性、问题要有可行性。我懂得了课题申请报告如何撰写，了解了课题开展的基本步骤，并参与了课题研究博客的创建、课题研究纪事的记录、课题研究材料的收集以及课题阶段性实践小论文的撰写和博客内容的充实以及课题成员研究成果的整理工作，对今后自己从事其他的课题研究奠定了一定的基础。

二、循序渐进的过程

课题研究是一项系统性的工程，不可能由个体单独完成，需要同事们的通力合作。工作分工不能随意，合理分工是高效、准确达成目标的保证，因此应该针对每个人的实际与专长，安排恰当的任务，让每个成员都负有责任和使命，才能不断增强研究小组的凝聚力，提高课题研究的效率。

课题研究不可能一蹴而就、在短期内取得成效。它是一个艰苦而又漫长的过程，特别是想要取得理论上的突破或者是实践上的创新，这就需要我们踏踏实实地埋头苦干冥思苦想日积月累，只有厚积才能薄发。从某种意义上说，课题研究的实施过程即是一种资料的收集、积累和消化的过程。收集资料是一项艰苦细致又有一定技术性和学识功底的工作。研究某一课题，必须尽可能地占有涉及这一问题的所有资料，如果不全面，就可能出现偏差。因此，研究者要明确应收资料的方向、范围、内容，只有在大量资料的基础上进行阅读、归类、分析、综合、提炼，才能有所发现，有所创建。那么课题研究应该做好哪些方面材料的积累呢？一是应该撰写一份具体的课题实施方案，在研究的内容和研究方法方面要写得具体、详尽，具有可操作性，才能说明研究者心中有数；二是要收集和学习与课题相关联的背景资料，这对以后撰写课题结题报告会起到一定参考作用；三是要经常撰写课题研究过程中的体会，这有助于提升自己的理论和写作水平；四是要注重研究过程中资料和阶段性成果的收集与积累，一个课题在研究过程中，必然会积累起大量的原始资料，这些资料涉及课题研究的方方面面，对这些资料进行条理化、系统化、规范化的科学管理，能够促进课题研究向更加健康，有序的方向发展。

三、实验改进研究促实验有效开展

初中生物的学习，是以实验为中心的。简便、实验材料易得、利用率高、实验效果清晰等是我们教师一直探索的目标。随着地域范围内的改变，气候条件不同，教科书里的实验材料或方式可能不是最适合的，所以本课题研究结合了当地的生物资源的特点，进行了一系列的改进，对生物教学工作有很大的帮助。

总而言之，进行课题研究是一个充满艰辛的过程，也是一个优化成长的过程，今天我们的课题还在探索之中，今后的工作还很艰巨，但我坚信，只要我们共同努力，勤奋踏实，不断钻研实践，我们的课题研究成功指日可待。

对瓜苗嫁接实验改进的思考

珠海市梅华中学　彭晓瑜

记得一次教学竞赛，课题是"植物的繁殖方式"。通过认真研究教材，翻查各种资料，并结合历年来的听课交流经验，我发现嫁接实验是可操作性很强、农业生产上应用很广泛的一个实验，但是教师把它搬上讲台的情况不多，学生对此知之甚少。

教材上提及的芽接、枝接知识主要是针对果树，对于藤本植物如瓜类嫁接的情况没有提及。恰恰瓜类嫁接在农业生产上的应用有时比果树的嫁接要更加普遍。

曾经看到这样的一则网络新闻报道，说一位种植爱好者在网上购买了几株瓜苗，结果种下去之后，竟然发现接近根部的部位长出两条不同的瓜藤，分别结出两种不同的瓜。这位种植爱好者感到非常诧异，一个根部长出两种瓜苗，这是变异了还是怎的？这结出来的瓜还能不能吃呢？……

彭晓瑜老师

其实这位种植爱好者购买的瓜苗就是嫁接过的瓜苗，作为接穗的嫁接部分正常生长，作为砧木的苗，芽没有完全被去除，又长了出来，所以就出现了一个根部长出两条不同的瓜藤，结出两种瓜。接穗只是利用砧木传递过来的营养物质，并不会有本质的改变。这两种瓜都是正常生长，基因也没有变异，自然是可以正常食用的。如果这位种植爱好者掌握了这些生物学知识，就不会对此感到疑惑和不安了。

作为一名生物教师，同时也是一位种植爱好者，我曾有过三年的蔬菜种植经验，尝试种植过南瓜、丝瓜、青瓜、葫芦瓜、苦瓜等。我发现在众多的瓜类中，生存能力最强的就是南瓜。南瓜是一种较易种植的藤本瓜类，只要水分充足，就能生根发芽，开花结果。所以生产上经常把它作为砧木材料。而抗病能力弱、收成不好的但品质好的瓜类，就可以作为接穗，嫁接到南瓜苗上，把两者的优点结合，让接穗苗借助砧木苗的营养输送，生长得更好，延长寿命，提高收成。

在本次瓜苗嫁接改进实验中，我研究了许多现有的瓜苗嫁接视频，发现网络上的视频资源都对瓜苗嫁接介绍得不够精简，给人一种很繁杂的感觉。其实经过研究，我发现这种操作非常容易。我尽量使用最简单的工具，只要一片刀片和一支竹签，就可以完成。至于瓜苗，只要把菜市场上买回来的瓜，掏出籽种下，几天就能发芽。这个实验的材料和工具都很好获得，要在课堂展开小组分组实验非常容易。

我把这个实验应用到课堂上，学生基本上操作几次就可以顺利完成。有些学生甚至一次就能完成，非常棒。通过这个实验，学生很快就掌握了嫁接的相关知识，而且学习兴趣非常浓厚。课后还表示要把嫁接的瓜苗好好种下去，等它们开花结果。

我们现在使用的北师大版初中生物教材实验活动比较丰富，绝大部分都可以作为演示实验或分组实验来进行课堂学习。作为生物教师的我，利用课堂向学生传授生物学知识，帮助学生更好地理解生物学的奥妙，是为人师的光荣和骄傲。相信在今后的教学工作中，我会继续努力，与朱琦中学生物名师工作室的小伙伴们一起，继续探究初中生物教学上的实验改进，为教育事业贡献自己一份微薄的力量。

思维碰撞出灵感的火花

珠海市第八中学　王红

实验教学是初中生物学科教学的重要组成部分，是培养学生实践能力、创新能力和提高生物科学素养的重要途径。然而由于实际情况的制约，我们有时无法按照教材提供的参考方法开足实验课，有时生搬硬套教材的方法使得实验效果不够理想。我个人也尝试过改进实验方法，但由于时间精力有限，再加上有很多的局限性，没有取得良好的进展。正好朱琦校长的名师工作室申请到省级课题——初中生物实验改进，课题组邀请了香洲区很多在实验改进方面有研究的老师，这样我们就可以云集众人的力量，集思广益，把大家好的实验改进的方法收集整理在一起。我们以北师大版初中生物中的实验为例，结合广东的实际情况，多次开会分组研讨，思维碰撞，明确各自的分工，在分享了自己的实验改进方法后，也学到了其他老师的实验方法。

王红老师

通过这样的研究、分享和学习，我明白了实验改进主要是通过以下四个方面来进行的。

一、实验材料

例如，用朱顶兰代替蚕豆叶观察叶的下表皮，用华灰莉木的叶代替菠菜叶观察叶的横切结构，效果就比教材中的建议材料要好。实验材料的改进应该根据学校所在地的实际情况，遵循效果良好、简单易得、经济实用的原则。

二、实验工具与装置

例如，在一些实验中，用生活中的常见易得的塑料水瓶去替换玻璃仪器，安全方便、易操作。实验装置改进的原则应是取材环保、旧物利用、操作方便，易于学生掌握。

三、实验操作方法

例如，蒸腾作用和运输作用的实验可以整合在一起，在观察叶的下表皮气孔结构前可以加一个给叶片打气的实验证明气孔的存在。实验操作方法改进应该符合学生的认知规律，帮助学生更好地理解实验。

四、实验呈现方式——微视频

近年来，微视频越来越广泛地被引入教学之中，给我们的中学生物教学带来了新的革命。微视频集图像、声音、语言、色彩等多种手段于一身，能够直观、形象地展示教学内容，其短小精悍、使用方便，师生可以流畅地在线观摩，也可以在线下自主学习，在生物实验教学中微视频可以应用在以下四种情况（表1）。

表1　实验微视频的适用情况

	微视频适用的实验情况	微视频例子
1	因为时间跨度太大无法在课堂上完整呈现的实验	（1）发现身边的微生物里霉菌的培养过程 （2）观察枝瘤
2	操作有安全隐患不易在课堂上呈现的实验	解剖观察鸡翅
3	分组实验前的示范性操作	（1）植物的营养繁殖中嫁接的方法 （2）观察鸡卵的结构
4	课外拓展实验	模拟练习止血包扎

总之，生物实验改进的方法是多种多样的，随着新课改的不断深入，越来越多有效的实验改进方法会被发现。在实验材料方面，要因地制宜，多寻找和尝试；在实验工具与装置方面，要用适合实验材料的工具，简化复杂的装置；在实验操作方法方面，要依据学生的认知水平，做出适当合理的调整，方便学生操作和取材。在以上情况都无法很好呈现实验的情况下，可以选择用微视频呈现整个实验过程，以便学生在课堂上尽快熟悉操作过程，或者方便学生在课后自由拓展实验。

感谢朱琦中学生物名师工作室给老师们提供这样的平台，在课题组的活动中，我承担了部分实验改进任务，然而我学到的关于实验改进的案例和方法更多，也受到了广大老师特别是朱琦校长的钻研精神和创新精神的鼓舞和感染，我将会把这些精神融入我以后的工作当中，继续前行、继续成长！

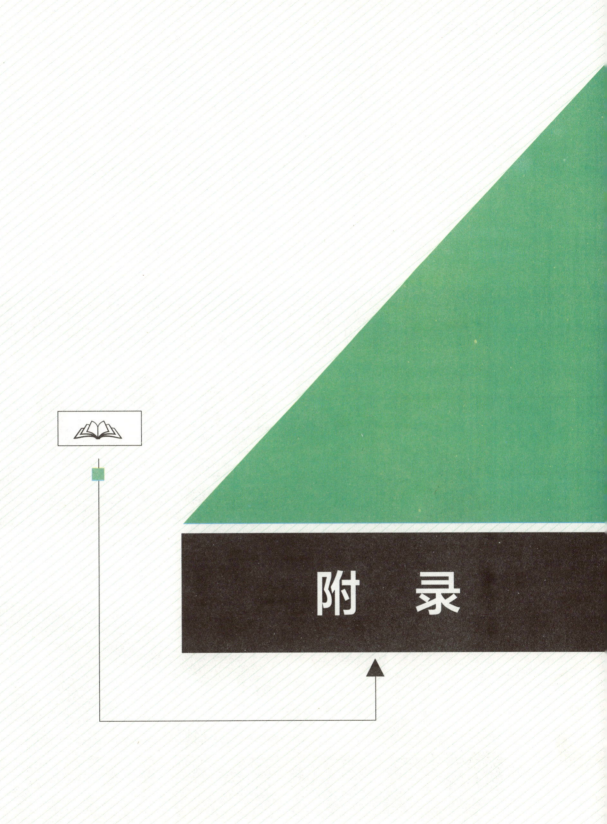

附 录

第二届朱琦中学生物名师工作室活动花絮

图1 第二届增补名师工作室正式挂牌（2016年7月）

图2 朱琦中学生物名师工作室第一次工作会议（十中 2016年9月28日）

图3　工作室召开第一次会议：商定课题方向（十中　2016年9月28日）

图4　邀请珠海市教育局熊志权主任作"论文书写"的主题讲座（七中　2016年10月13日）

图5　名师工作室召开全区生物教师培训活动（十一中　2016年11月30日）

图6　丁沛斌、鹿鸣老师培训内容：微课制作（十一中　2016年11月30日）

图7　全体学员培训：梁志伟科技创新赛分享，罗春愈课件制作（十中　2016年12月28日）

图8　新学期工作会议（八中　2017年3月22日）

图9　教学研讨活动：张晓华同课同构，邱建萍学生分组实验讲座（十中　2017年4月26日）

图10　工作室李青老师送教，呼小明老师微课题申报攻略讲座（新世纪学校　2017年5月10日）

图11　工作室开展教学研讨活动（文园中学　2017年5月17日）

图12　工作室成员邓莉老师上研讨课（文园中学　2017年5月17日）

图13　学员李青和杨洋老师上同课同构交流课（九洲中学　2017年6月14日）

图14　工作室成员参观裕禾养殖麻黄鸡基地及横琴湿地（斗门　2017年6月7日）

图15　工作室成员观摩珠海市生物实验创新大赛（文园中学　2017年10月14日）

图16　工作室成员培训会议（十一中　2017年10月24日）

图17　工作室成员杨敏旭老师《互联网在生物教学中应用》、丁沛斌老师《如何搜索教学资源》、
鹿鸣老师《互联网教学资源的开发和利用》的主题讲座（十一中　2017年10月24日）

图18　课题研讨会（八中　2017年12月13日）

图19　工作室成员分小组开展课题研讨（八中　2017年12月13日）

图20　杨敏旭学员承担研讨课任务（九洲中学　2017年12月27日）

图21　罗春愈老师上公开研讨课（容闳书院　2018年4月18日）

图22　工作室成员参观绿手指有机农庄、六乡水松林自然保护区（斗门　2018年1月5日）

图23　工作室主持人朱琦老师《外来物种入侵》研讨课；
邱建萍老师主题《生物试卷命题》讲座（八中　2018年5月9日）

图24　工作室小组长课题研讨会议（八中　2018年6月27日）

图25　广东省课题结题会议（八中　2019年3月13日）

图26　与会成员听取课题主持人汇报研究工作（八中　2019年3月13日）